DAVID DEIDA

Nackt zur Wahrheit

Buch

Jeder Moment ist der wichtigste Moment Ihres Lebens! Mit unbändiger Kraft, Energie und Intensität fordert David Deida den Leser dazu heraus, in jedem Moment das zu sein, was er wirklich ist. Nur das. Nackte Wahrhaftigkeit, nacktes Gewahrsein, ein permanentes Sich Öffnen für das, was jetzt gerade ist. »Sei die Totalität des Augenblicks« ist der Kern seiner Botschaft, die er auf Leben und Sterben, auf Liebe und Sexualität anwendet. »Die Wahrheit zu kennen, bringt herzlich wenig. Sie zu spüren, ist ein Ausdruck tiefen Empfindens. Was jedoch zählt, ist, sie zu leben«. David Deida gibt hier einen Leitfaden an die Hand, wie Sie Ihre eigene tiefste Wahrheit »als nackte Offenheit leben können, indem Sie Ihre Liebe immer wieder freigebig verschenken«.

Autor

David Deida genießt international Ansehen für seine Einsichten in die Verschiedenheit von Mann und Frau. Er verbindet alte taoistische Liebestechniken mit Energiearbeit und westlicher Psychologie. Deida veranstaltet weltweit Seminare über spirituelles Wachstum und sexuelle Energien. Seine Bücher erscheinen in mehr als 20 Sprachen.

Außerdem von David Deida im Programm:

Der Weg des wahren Mannes

Du bist Liebe

Sex als Gebet

Erleuchteter Sex

(alle auch als E-Book erhältlich)

David Deida

Nackt zur Wahrheit

Ein spiritueller Begleiter für Mutige durch Leben und Tod, Liebe und Sex

Aus dem Englischen
von Susanne Lötscher

GOLDMANN

Alle Ratschläge in diesem Buch wurden vom Autor und vom Verlag sorgfältig erwogen und geprüft. Eine Garantie kann dennoch nicht übernommen werden. Eine Haftung des Autors beziehungsweise des Verlags und seiner Beauftragten für Personen-, Sach- und Vermögensschäden ist daher ausgeschlossen.

Penguin Random House Verlagsgruppe FSC® N001967

1. Auflage
Deutsche Ausgabe Februar 2024

Cover: Wilfried Klei
Satz: KleiDesign
Druck und Bindung: GGP Media GmbH, Pößneck
Printed in Germany
ISBN 978-3-442-14055-8

www.goldmann-verlag.de

Leben und Tod

Liebe und Sexualität

Vorwort

von Lama Surya Das

Wie soll ich dieses Buch und die spirituellen Lehren von David Deida beschreiben?

David präsentiert uns hier eine Herausforderung, wie sie kreative Künstler, spirituelle Lehrmeister und Erneuerer in der Geschichte der Menschheit immer wieder dargestellt haben. Wenn man mit etwas Neuem, Originellem und Tiefgreifendem konfrontiert wird, versagt die Sprache, und der Verstand muss klein beigeben, weil er keine Schublade dafür findet. Ich könnte Davids Werk mit den tantrischen Traditionen vergleichen, mit denen es sicher in vieler Hinsicht Ähnlichkeit hat – oder dem Kaschmir-Shaivismus ... Ich könnte auch etwas über die Ähnlichkeiten mit meiner eigenen buddhistischen Dzogchen-Linie schreiben, denn was es mit unserer Tradition gewiss gemeinsam hat, sind die tiefen Einsichten in die Wirklichkeit und das, was ist.

Aber ich kenne nur wenige Kategorien für ein Original wie David, denn seine Lehren passen in keine Schublade. Wie ein Pionier, ein Forscher, steckt er sein Revier selbst ab. Im Gegensatz zu vielen anderen, die sich heute auf dem spirituellen Markt tummeln, verkündet David nicht nur den Abklatsch von Wahrheiten anderer Zeiten, anderer Orte und Menschen, sondern hält es mit der dynamischen, lebendigen mündlichen Tradition eigenbrötlerischer spiritueller Lehrer, die wie Free-Jazz-Musiker die Wirklichkeit jenseits etablierter Formen direkt, kurz und prägnant auf den Punkt bringen. Deshalb habe ich ein offenes Ohr für seine provozierende, heilige Musik.

Nacktes Gewahrsein ist die wichtigste Praktik in der Dzogchen-Tradition des tibetischen Buddhismus. Wir greifen auf Übungen zu dem uns innewohnenden Erwachtsein und Gewahrsein zurück und machen uns dies zunutze, um die Natur des Geistes und aller Dinge bloßzulegen; das ist der Boden, der Weg und die Frucht des bewährten und wahren buddhistischen Wegs des Erwachens. Gewahrsein ist der unumschränkte, allmächtige und alles vollbringende Herrscher, der Ursprung von allem; Gewahrsein bietet den größten Schutz; Gewahrsein ist der Weg, die Wahrheit und das Licht. Eine Huldigung an das nackte Gewahrsein, das Herz der Buddhas aus Vergangenheit, Gegenwart und Zukunft. Davids Buch ist solch eine Huldigung.

Samantabhadra – die Verkörperung der bloßen Wahrheit, des nackten, von Vorstellungen unbelasteten Gewahrseins – ist der Urbuddha der Dzogchen-Tradition. Dzogchen existierte sogar schon, bevor der Buddhismus in Tibet Fuß fasste. Auch ist Dzogchen die vollkommene Lehre der tibetischen Tradition. Diese nonduale mystische Übertragung bietet uns den direkten Zugang zu dem uns innewohnenden natürlichen Zustand, unserer Buddha-Natur. Dieser Buddha in uns, der schon immer da war, ermöglicht uns, in nur einem einzigen Augenblick Erkenntnis zu erlangen.

Deshalb lautet die Quintessenz der Dzogchen-Weisungen: „Ein Moment völligen Gewahrseins ist ein Moment vollkommener Erleuchtung." Das ist der direkte Weg, der ohne Umwege zur Mitte führt und wirklich den Kern der Sache berührt. Genau das vermittelt und lehrt David Deida. Er hat die tiefe Bedeutung dieser Worte erfasst. Er praktiziert diese Worte, indem er sie lebt, und er lehrt, was er lebt. Er besitzt die außergewöhnliche Fähigkeit, dem modernen westlichen Menschen die geheimnisvollsten Erkenntnisse großer spiritueller Weisheiten der Welt in einer für ihn zugänglichen und anwendbaren Form zu präsentieren.

David ist ein Mensch mit einer Mission; sein Bestreben ist es, die Atmosphäre, welche die zeitgenössischen tantrischen Lehren und Praktiken umgibt, in der heutigen Welt zu verändern. David Deida ist zwar weder Buddhist noch Anhänger irgendeiner spirituellen Tradition, die vor dem Buddhismus existierte, aber seine unverbrauchten, originellen Lehren legen das Wesentliche hinter der Erscheinungsform jeden Augenblicks bloß. Er beherrscht die Kunst, Einsichten auf den Punkt zu bringen, indem er bis zum Wesen der Wirklichkeit vordringt, in deren Kielwasser Traditionen entstehen. Aber David geht es vielmehr darum, Offenheit und Liebe authentisch zu verwirklichen, als darum, sich wie der Kaiser im Märchen noch mehr Gewänder zuzulegen, um spirituell zu erscheinen. Mit seiner Lehre will er alle Schalen ablegen, mit denen sich Ihr Herz vielleicht umgeben hat, vor allem alle Gewänder, die aus sexueller Verwirrung gewirkt sind.

Der wahre Buddha sitzt nicht einfach über uns in den weiten Fernen des himmlischen Firmaments, sondern lebt im Herzen und im Geist eines jeden von uns. Wir sind, was wir suchen. Es ist alles in uns. Das ist die nackte Wahrheit, die nun einmal zum Leben gehört. David Deida versteht das. Er spricht aus dieser Position heraus. Für ihn bedeutet Nacktheit viel mehr als bloßes Nacktsein, und seine Tantra-Methode geht weit über lüsternes Interesse, Sinnlichkeit und reinen Sex hinaus.

Aus dem Urzustand des Unendlichen heraus entstehen durch reine, spontane Einblicke viele Lehren und Erscheinungsformen. Zeitlose Wahrheiten offenbaren sich in zeitgemäßen neuen Formen und sind für heute und morgen geeignet. In unserer alten tibetischen Nyingma-Tradition nennt man sie *termas*, wiederentdeckte Dharma-Schätze, die sich als spirituelle Offenbarungen von atemberaubender Schönheit und Großartigkeit oder – pragmatischer – in Form von spirituellen Lehren und Botschaften, Ermächtigungen, Übungen und Praktiken zeigen können. Auf diese Weise wird die tibetische tantrische Vajrayana-Tradition immer wieder neu belebt und breitet sich kontinuierlich aus. Ich bin überzeugt, dass David Deida mit seiner eigenen unnachahmlichen Art einer großen Sache auf der Spur ist.

Das sind gewagte Worte, aber David ist ein großer Geist, der ruhig in solch überdimensionierte Schuhe steigen und solch einen nondualen mystischen Weg beschreiten kann. David ist ein begabter, charismatischer Lehrer, ein gebildeter, weiser Mensch, der Integrität und Herz besitzt, und der einzige westliche Tantra-Lehrer, dessen Bücher ich lese und zu dem ich Schüler schicke.

Er ist ein Brückenbauer zwischen Ost und West, zwischen alten und modernen Weisheitstraditionen, im Hinblick auf diese spirituelle Lehre, die von allen am wenigsten verstanden wird: das Geheimnis intimer Nähe als Yoga der Transformation, Transzendenz und Selbstverwirklichung.

Die Buddha-Natur ist die Essenz jeder Erscheinungsform und jedes gegenwärtigen Augenblicks. Und diese Buch weist so raffiniert, so konsequent und in so vielen verschiedenen Lebensbereichen auf unsere jetzige Buddha-Natur hin, dass wir unweigerlich einen flüchtigen Blick auf den Dharmakaya erhaschen – diese ungeborene, unsterbliche Wirklichkeit erleben wir selbst, wenn wir uns dank Davids Worten jeden Moment bewusst machen, was im Kern jedweder Erscheinungsform „ist".

Das vorliegende Buch hat dieselbe Funktion wie die bekannte tibetische Methode zur Wahrheitsfindung, die so genannte „Direkte Einführung in die Natur des Geistes": Sie erinnert uns daran, dass fantasmagorische sichtbare Erscheinungen ein magisches, traumähnliches Spektrum von Bewusstsein, Energie und Licht sind und dass die einzig wahre Entscheidung die ist, dies einfach „SO WIE ES IST" furchtlos und liebevoll anzunehmen.

Beherzigen Sie meine Worte: In einer Zukunft, die hoffentlich nicht mehr allzu weit entfernt ist, wird David Deidas origineller westlicher Dharma weithin als eine der edelsten und besonders leicht zugänglichen Ausdrucksformen für den Kern spiritueller Praktiken gelten, die es heute zuhauf gibt. Die Ergebnisse wahren Praktizierens sind in jeder Tradition unverkennbar, und David Deida führt sie uns vor.

Es gibt viele Wahrheiten, aber *die* Wahrheit ist einzigartig. Sie ist der Kern aller großen Traditionen. Die Dzogchen-Lehre bringt sie ohne großes kulturelles Drumherum oder Gepäck zum Ausdruck. Da sich Wahrheit allein mit dem Verstand nicht begreifen lässt, kann man sie eigentlich auch nicht lehren – aber man kann sie erfassen. Wenn man endlich begreift, wird sie wahrhaftig übermittelt und erkannt. Auf diese Weise können wir wahre Erleuchtung erlangen.

Spirituelle Sucher können erkennen, was Meister und Weise schon immer erkannt haben: die Faktizität dessen, was ist; eine klare Sicht der Dinge, wie sie sind, durch nacktes, bloßes Gewahrsein – man fabriziert nichts, konstruiert nichts, bauscht nichts auf und ist weit entfernt von Erfindungen und Ausschmückungen. Diese wahre Lehre von der ursprünglich reinen und vollkommen ganzen, vollständigen und strahlenden Natur der Wirklichkeit, des Geistes und des Bewusstseins hat heute noch genauso Bestand wie vor tausend Jahren.

Niemand hat die Wahrheit für sich gepachtet. Sie kostet nichts und gehört wirklich jedem. Die Wahrheit gehört denen, die sie schätzen und erkennen. David bezeichnet sich zwar nicht als Buddhist, aber ich weiß genau, dass er tief in der Buddha-Natur verwurzelt ist. Das sieht man deutlich an seinen Lehren. Ich finde, wir haben alle großes Glück, diese nackten Lehren hier und heute vorzufinden, so wie ich mich glücklich schätze, David als Dharma-Freund zu haben.

Deidas Buch ist ein neuartiger, origineller Beitrag zu einer unkonventionellen Tradition unbefleckter neuer Offenbarungen. Dieses Buch hilft uns, zu lernen, uns mithilfe unseres bloßen Gewahrseins und unserer reinen Aufmerksamkeit wieder mit der Sicht der Dinge, wie sie im Alltagsleben sind, zu verbinden und uns hineinsinken zu lassen – mit unseren Kindern, beim Fernsehen, bei der Arbeit und so weiter. Zum spirituellen Erwachen gehört nicht nur, Zeit auf dem Meditationskissen oder der Yogamatte zu verbringen, sondern auch, unsere unbefriedigende gewohnte Konditionierung zu überwinden, lieben zu lernen und unser Herzinnerstes im Alltagsleben zum Ausdruck zu bringen. Im Allgemeinen hält besonders die Sexualität den Menschen davon ab, sich spirituell weiterzuentwickeln und voranzuschreiten; in der zweiten Hälfte dieses Buches geht es darum, wie man diese Einschränkung in eine Chance verwandelt, indem man nacktes Gewahrsein übt und die Methode zur Wahrheitsfindung zum Zwecke der Selbsterkenntnis anwendet.

Tun Sie mir deshalb bitte einen Gefallen: Gönnen Sie sich eine Pause, entspannen Sie sich und lesen Sie diese Buch aufgeschlossen und frei von Vorurteilen über Buddhismus und Religiosität – die Zen-Meister nennen dies „Anfängergeist". Wenn ich diese mündlichen Lehren in geschriebener Form lese, denke ich gern an den Rat des alten Tao-Philosophen Zhuangzi, der sagte: „Ich werde einmal ganz unbekümmert davon sprechen, höre du mir ganz unbekümmert zu!" In diesem Sinne kann ich Ihnen garantieren, dass Sie durch diese scharfsinnigen Lehren die Ihnen innewohnende Buddha-Natur intensiver erfahren und Ihre Achtsamkeitsübungen im Hier und Jetzt in einem neuen Licht sehen werden.

Aber wir sollten dies alles nicht zu ernst nehmen, sondern uns daran erinnern, dass ein Buddha ist, wer wie ein Buddha handelt. Diese Entscheidung liegt bei Ihnen. Das vorliegende Buch handelt von nacktem Gewahrsein: Das ist nicht etwas, woran Sie glauben sollen, sondern etwas, das Sie selbst ausprobieren können. Mit Buddhas Worten: „Kommt und seht selbst."

Lama Surya Das
Dzogchen Center
Cambridge, Massachusetts
März 2002

Lama Surya Das ist einer der führenden Gelehrten und Lehrer für buddhistische Meditation im Westen. Er ist ein Lama der Kagyü- und Nyingma-Schule des tibetischen Buddhismus. Zu seinen Lehrern gehören der Sechzehnte Gyalwa Karmapa, Kalu Rinpoche, Dudjom Rinpoche, Dilgo Khyentse Rinpoche, Nyoshul Khenpo Rinpoche und Neem Karoli Baba. Er beschäftigt sich seit mehr als dreißig Jahren mit Zen, Vipassana, Yoga und tibetischem Buddhismus und hat zweimal am traditionellen Dreijahres-Meditations-Retreat im Kloster von Dilgo Khyentse Rinpoche in Frankreich teilgenommen. Surya Das ist der Gründer der Dzogchen Foundation in Massachusetts und Kalifornien, hat zusammen mit dem Dalai Lama das Western Buddhist Teachers Network ins Leben gerufen und engagiert sich für den glaubensübergreifenden Dialog und sozialen Aktivismus.

Lama Surya Das ist auch Dichter, Übersetzer, Chant-Meister und Autor des kürzlich erschienenen Buches *Awakening the Buddhist Heart: Integrating Love, Meaning, and Connection into Every Part of Your Life*, des Bestsellers *Der achtfache Pfad, Der Buddha im Inneren.*

Er schreibt für die „Ask the Lama"-Online-Kolumne auf
www.beliefnet.com.

Mehr Informationen finden Sie unter www.surya.org.

Leben und Tod

1
Richtig leben und sterben

Früher oder später
wird der gegenwärtige Augenblick
Ihr letzter sein.

Sie sind am Leben – im Moment jedenfalls. Spüren Sie, wie Ihr Herz in Ihrer Brust schlägt. Lassen Sie den Bauch locker und entspannen Sie den Unterkiefer. Spüren Sie, wie Ihr Herz tief in Ihrem Körper schlägt, spüren Sie, wie sein Rhythmus nach außen strahlt und in Händen, Füßen und Nacken pulsiert. Und während Sie Ihren Herzschlag spüren, öffnen und entspannen Sie sich, als würden Sie Ihren Herzschlag der Welt darbieten.

Empfinden Sie Ihren Herzschlag als Geschenk an alle und spüren Sie dabei nach, wie Sie Ihre Augenblicke leben. Was haben Sie heute getan? Welche Pläne haben Sie für morgen? Wen lieben Sie und wie sehr lieben Sie ihn?

Egal, wie viel Geld Sie verdient oder wie oft Sie Liebe gemacht haben – eines Tages werden Ihre Beine kalt und gefühllos werden, Ihr Herz wird aufhören zu schlagen, Sie werden aufhören zu atmen, und alles wird entschwinden. In irgendeinem Jetzt-Moment, der so real ist wie dieser hier, wird Ihr Leben zu Ende sein. Sind Sie bereit für Ihren Tod? Sind Sie bereit für den Tod Ihrer Kinder, Ihrer Eltern und Freunde?

Ein Picknick mit Ihren Lieben. Knusprige Hähnchen und kaltes Bier. Eine sanfte Brise. Lachen. Plötzlich bleibt Ihr Herz stehen. Ein letzter flüchtiger Blick. Langsam gleiten Sie in den Tod hinüber.

Sind Sie bereit? Haben Sie wirklich vollkommen geliebt und Ihre verborgensten Gaben dargeboten?

Zu einem richtig gelebten Leben gehört, dass man den Tod annimmt, indem man sich allem zu jedem Zeitpunkt von ganzem Herzen öffnet. Wenn Sie ganz offen sind, können Sie geben, ohne etwas zurückzuhalten, und etwas empfangen, ohne es von sich zu weisen. Wenn Sie ganz offen sind und Ihr Herz allen zugewandt ist, dann *sind* Sie Offenheit und eng verbunden mit diesem völlig offenen Moment. Jeder Teil dieses Moments kommt und geht als Offenheit.

Das Lächeln Ihrer Tochter: flüchtig, kostbar, schon im Auflösen begriffen. Die Umarmung Ihres Geliebten: köstlich, fest, schon im Lösen begriffen. Jeder Moment ist wundersam und schon im Entschwinden begriffen. Jede Erfahrung ist zugleich tief und leer.

Ein Leben, das um der Erfahrung willen gelebt wird, ist ein Halbleben. Sie sind verkrampft, unsicher, einsam, nicht ausgefüllt. Ihre Erfahrung kann Sie nicht ausfüllen, denn kaum haben Sie sie gemacht, ist sie schon wieder verschwunden, ein flüchtiges Irrlicht, das Schlusslicht der Hoffnung, das immer weiter in der Ferne verschwindet.

Hält man nicht mehr an diesem Moment des Lebens fest, kann er sich ungehindert und strahlend wie eine Blüte entfalten. Wenn Sie sich weit öffnen und hingeben, tief atmen und Ihr Herz als Geschenk darbieten, werden Sie offen in diesen Moment hineingeboren. Der Tod ist die Erlaubnis, sich der Liebe schrankenlos zu öffnen.

2
FÜHLEN SIE IHREN URSPRUNG

Was heute wichtig ist,
ist morgen schon vergessen.

Wenn es Zeit, *wirklich* Zeit ist, auf die Toilette zu gehen, dann wird alles außer diesem Gang zur Toilette belanglos.

Im Bett bedeutet ein Orgasmus in *diesem* Moment alles.

Für jemanden, der von einem Verrückten mit einer Waffe verfolgt wird, gibt es *nichts* anderes; für denjenigen, der aus einem Albtraum erwacht, gibt es nur *Erleichterung*.

Einem Mädchen ist seine Puppe wichtig. Einem Vater sind seine Finanzen wichtig.

Einem schwer krebskranken alten Mann ist Liebe wichtig, wenn er seine Augen für immer schließt.

Was ist Ihnen – jetzt, heute – wichtig? Was war Ihnen vor zehn Jahren wichtig?

Rufen Sie sich Ihre früheste Kindheitserinnerung ins Gedächtnis, das allererste Mal, wo Sie sich überhaupt an etwas erinnern. Was war Ihnen damals wichtig?

Bleiben Sie bei dem Gefühl für die allererste Erinnerung in Ihrem Leben, und fühlen Sie in die Zeit *davor*. Was geschieht, wenn Sie versuchen, sich in die Zeit vor Ihrer ersten Erinnerung hineinzufühlen? Fühlen Sie sich in Dunkelheit? Gebietet Ihnen eine Zeitmauer plötzlich Einhalt? Oder können Sie eine unbeschreibliche Offenheit spüren, die sich in die Zeit vor Ihrer frühesten Kindheitserinnerung ausdehnt, eine Offenheit ohne klare Grenzen, eine Offenheit, die Sie selbst jetzt sind?

Alles, was von jedem Moment übrig bleibt, der Ihnen je von Bedeutung schien, ist die Offenheit, die Sie sind.

3
Geben Sie alles – jetzt!

In diesem Moment halten Sie entweder aus Angst Ihre Liebe zurück oder schenken Ihre tiefsten Gaben.

Genau jetzt und in jedem Jetzt-Moment verschließen oder öffnen Sie sich. Entweder Sie warten angespannt auf etwas – mehr Geld, Sicherheit, Zuneigung – oder Sie leben aus der Tiefe Ihres Herzens, öffnen sich für den ganzen Moment und geben, was Sie aus Ihrem tiefsten Innern geben möchten, ohne zu warten.

Wenn Sie auf *irgendetwas* warten, um rückhaltlos leben und lieben zu können, dann leiden Sie. Jeder Moment ist der wichtigste Moment Ihres Lebens. Kein späterer Zeitpunkt ist besser als jetzt geeignet, damit Sie Ihren Schutzschild sinken lassen und lieben.

Alles, was Sie gerade jetzt tun, zieht wellenartige Kreise nach außen und wirkt sich auf jeden Menschen aus. Ihre Körperhaltung kann Ihr Herz durchscheinen lassen oder Ängstlichkeit vermitteln. Ihre Atmung kann Liebe ausstrahlen oder eine depressive Stimmung im Raum erzeugen. Ihr Blick kann Freude auslösen. Ihre Worte können zu Freiheit inspirieren. Jede Ihrer Handlungen kann Herz und Geist öffnen.

Wenn Sie sich von Herzen allem und jedem öffnen, ist Ihr Leben ein Geschenk für alle. In jedem Moment öffnen oder verschließen Sie sich. Gerade jetzt haben Sie die Wahl, sich zu öffnen und alles zu geben oder abzuwarten. Wie fühlt sich das an?

4
Legen Sie Ihr Herz offen

Die Art, wie Sie leben,
ist wahrscheinlich nicht Ihre wahre Bestimmung.

Wie würden Sie leben, wenn Sie furchtlos wären, wenn Sie Ihr Leben als Ausdruck Ihres tiefsten Herzens leben würden?

Um unumschränkte Liebe zum Ausdruck zu bringen, könnten Sie Mutter, Politiker oder Schriftstellerin werden. Vielleicht würden Sie einen Impfstoff erfinden, ein Unternehmen gründen oder Musik vortragen. Vielleicht würden Sie Bauer, Lehrer oder Rechtsanwältin werden. Die Liebe motiviert jeden Menschen anders.

Die Art, wie die Liebe Sie motiviert, ist Ihre wahre Bestimmung. Wenn Sie die Kraft der Liebe nicht durch Angst schmälern, entfaltet sich Ihr Leben ungehindert. Jeder Tag lässt Ihre verborgensten Gaben erblühen. Bei der Arbeit, mit der Familie, allein – jeder Moment entsteht aus den Tiefen Ihres Herzens.

Was können Sie tun, damit sich Ihnen Ihre wahre Bestimmung offenbart? Gestatten Sie sich, in diesem Moment tief, kräftig und weich zu atmen, als wollten Sie mit Ihrer Atmung die Liebe tief aus dem Bauch in die Weichheit Ihrer Geliebten pressen. Entspannen Sie die Muskeln, öffnen Sie Ihre Sinne und fühlen Sie in die Sie umgebende Welt hinein, so als fühlten Sie sich in das Licht eines Traums ein. Atmen Sie dieses Licht ein und wieder aus. Schenken Sie aus der Tiefe Ihres Herzens und aus Ihrem weichen Bauch heraus Liebe in alle Richtungen, so weit Sie sich dem Gefühl öffnen können. Ihre wahre Bestimmung entfaltet sich ungehindert, wenn Sie jeden Moment offen leben und als Geschenk der Liebe leuchten.

Doch wenn Sie – wie die meisten Menschen – Angst in Ihr Leben hineinlassen, dann nehmen Ihre Augenblicke die Gestalt Ihres Rückzugs an. Finanzielle Sorgen behindern Ihre Karriere. Verlustangst lässt Sie gegenüber Ihrem Geliebten unehrlich werden. Ihr Unterbauch verspannt sich, weil Sie da, wo Sie sind, eigentlich nicht sein wollen. Angst ist das Gegenteil von Liebe.

Nur wenige Männer und Frauen leben ihre wahre Bestimmung. Die meisten führen ein Leben, das durch Angst von seiner ursprünglichen Richtung abgekommen ist. Ihre wahre Bestimmung leben Sie, wenn Sie alles geben und offen lieben, ohne zu warten.

Wenn Sie warten, um sich ganz zu öffnen, dann tut Ihr Herz weh, weil Ihr Leben die verzerrte Form Ihrer bevorzugten Trostpflästerchen annimmt. Die Kuschelzeit vor dem Schlafengehen und Fernsehrituale können Ihren Schmerz über ungelebte Liebe eine Zeit lang lindern, aber der Schmerz, den Ihre Verschlossenheit Ihrem Herzen zufügt, wird langsam immer größer und schließlich unerträglich.

Manchmal legt eine Krise Ihr Herz ganz bloß. Ihr Unternehmen geht unerwartet Pleite. Ihr Kind wird unheilbar krank. Wenn Ihnen Ihr Wertvollstes genommen wird, stehen Sie ungeschützt im Freien.

Früher oder später müssen Sie der Wahrheit ins Auge sehen: Alles, was Sie besitzen, geht irgendwann verloren. Jeder Körper, den Sie in Ihren Armen halten, stirbt irgendwann einmal. Sie haben abgewartet, um Ihre tiefsten Gaben schenken zu können, haben darauf gewartet, rückhaltlos zu lieben, während Ihr Leben – jedermanns Leben – vorüberging. Sie haben Ihre wahre Bestimmung gegen falsche Behaglichkeit und erträgliches Leid eingetauscht.

Sie können aufhören zu warten. Wenn Sie dazu bereit sind, können Sie sich mit Ihrer Atmung bewusst für die *ganze* Wahrheit öffnen: Sie sind Liebe in der besten Form. Dieser Moment ist so offen, wie Sie gewillt sind, offen zu sein. Jeder Moment, in dem Sie sich zurücknehmen, ist vergeudetes Leben.

Sie können jetzt damit beginnen, sich ganz zu öffnen. Wenn Sie Angst haben, wenn Sie auf mehr Sicherheit oder Bequemlichkeit warten, wenn Sie Ihre Gaben zurückhalten oder aufhören zu lieben, dann merken Sie, wie Sie sich ganz verschließen. Spüren Sie die Verspannung

Ihrer Muskeln und Ihres Unterkiefers, die Verhärtung um Ihr Herz. Spüren Sie, wie die Angst sich in Ihren Muskeln, Emotionen und Lebensentscheidungen manifestiert. Spüren Sie, wie der Glanz des Augenblicks durch Ihre Besorgnis getrübt wird. Wenn Sie spüren, dass Sie selbst die Gestalt der Angst annehmen, atmen Sie tiefer ein und aus.

Dehnen Sie den Bauch beim Einatmen weiter aus und lassen Sie das Licht und die Energie der Liebe tief hineinströmen. Schenken Sie beim Ausatmen Ihre Liebe nach außen für alles und jeden, entspannen Sie dabei die Muskeln, spüren Sie hinaus in die Farben der Welt und atmen Sie dabei weiter. Spüren Sie die anderen intensiver. Spüren Sie die Sehnsucht und Freude ihrer Herzen, während Sie ihr Lebendigsein in Ihr Herz ein- und wieder ausatmen. Atmen Sie die Lebendigkeit des ganzen Moments ein und wieder aus, als würden Sie das Licht eines Traums einatmen. Öffnen Sie sich immer weiter, spüren Sie dabei alles, atmen Sie alles, lieben Sie offen und erlauben Sie Ihrem Handeln, sich als Ihr kostbarstes Geschenk zu entfalten.

Wenn die Angst sich wieder bemerkbar macht – und das wird sie ziemlich sicher tun –, spüren Sie, welche Gestalt Ihr Sich-Verschließen annimmt. Spüren Sie Ihre Angst, spüren Sie jedermanns Angst und Dunkelheit. Atmen Sie jedermanns Angst tief in Ihr offenes Herz ein und atmen Sie das offene Licht der Liebe als Geschenk aus. Entspannen Sie sich und spüren Sie jeden so offen, dass Sie sich *als* jedermann fühlen, als seine Gestalt, als seine Angst, als tiefe Liebe seines Herzens. Öffnen Sie sich und atmen Sie wie jedermann. Öffnen Sie sich und atmen Sie als Gestalt des gesamten Augenblicks. Wenn Sie sich immer noch verschließen, spüren Sie, atmen Sie und öffnen Sie sich erneut, ohne Ende.

Ihre wahre Bestimmung leben Sie, wenn Sie sich der Liebe öffnen und Ihre tiefsten Gaben Augenblick für Augenblick darbieten. Wie Sie das tun – als dreifache Mutter, als Eremit in einer Höhle oder als politische Führungsperson –, das müssen Sie selbst herausfinden, während sich jeder Augenblick ungehinderter Liebe öffnet und entfaltet.

Wenn Sie sich für ein Leben entschieden haben, das von vermeintlicher Sicherheit geprägt ist, können Sie Ihre wahre Bestimmung im Herzen spüren: Sie wartet darauf, gelebt zu werden, sie möchte sich als Geschenk Ihres Lebens öffnen. Wenn Sie sich atmend öffnen und die tiefsten Gaben Ihrer Liebe darbieten, kann Ihr Leben neu erblühen. Wenn Sie das Versteck, in das sich Ihr Herz geflüchtet hat, langsam öffnen, zeigt sich Ihr Unternehmen vielleicht in einem neuen Licht. Vielleicht erkennt Ihr Geliebter Ihre sexuelle Tiefe nun besser. Alles ist möglich, wenn Ihr Herz sich entfaltet und sich jeder Augenblick Ihres Lebens weit für die Liebe öffnet.

Es mag sein, dass Ihre wahre Bestimmung nicht so offenkundig ist wie die Fälschung, an der Sie jahrelang festgehalten haben. Sie haben in jedem Augenblick die Wahl. Sie können jahrzehntelang an der Gestalt eines tröstlichen Lebensstils festhalten. Nur kostet Sie das Ihr Leben.

5
Leisten Sie keinen Widerstand

Sich für jeden Augenblick zu öffnen heißt, sich in wahrer Glückseligkeit zu üben.

Der menschliche Körper ist sehr schmerzempfindlich. Sie stoßen sich die Zehe an und werden einige Momente von unbedeutenden Schmerzen abgelenkt. Auch emotionale Schmerzen gibt es immer wieder. Ihre Geliebte betrügt Sie, und Ihnen bricht es das Herz. Wenn Sie den Schmerz verlorener Liebe fühlen – vom unermesslichen Leid der Millionen Hungerleidenden und Sterbenden auf der Welt gar nicht zu reden –, kann es sein, dass der Kummer Sie überwältigt.

Körperliche und emotionale Schmerzen sind natürlich und unausweichlich, aber unangenehm. Also tun Sie alles, um sie zu vermeiden. Sie können ein schönes Auto fahren, sich von kranken, erbärmlichen Menschen fernhalten und dafür sorgen, dass es in Ihrer Partnerschaft keine Störungen gibt. Ihr Bemühen, Schmerz zu vermeiden, ist so natürlich wie der Schmerz selbst.

Vielleicht bemühen Sie sich ein Leben lang, Schmerz zu vermeiden, Angenehmes zu erfahren und so zu tun, als sei alles in Ordnung, auch wenn Ihnen manches fehlt. Und doch kann Ihr Leben Ihnen unvollständig vorkommen, selbst wenn Sie kerngesund sind und mit einer strahlenden Geliebten gerade ein köstliches Mahl genießen.

Mag sein, dass Sie selbst in den schönsten Augenblicken merken, dass Ihnen etwas fehlt. Diese Unzufriedenheit entsteht, weil Sie sich nicht öffnen. Wenn Sie sich jedem Moment ganz öffnen, sind Sie vollständig. Ihr gebrochener Arm tut vielleicht noch weh. Ihr Herz hat sich von dem Verlust eines geliebten Menschen vielleicht noch nicht ganz erholt. Aber wenn Sie sich jetzt in Offenheit üben, wird der natürliche

Lebensfluss von Freude und Schmerz nicht so stark von selbst geschaffenem Leid getrübt.

Spüren Sie Freude – beziehungsweise ihr Fehlen – genau jetzt. Fühlen Sie sich beispielsweise relativ wohl, dann fällt Ihnen auf, dass Sie Ihr Wohlbefinden *spüren* können. Sie sind offen dafür, Ihr Wohlbefinden zu spüren. Ihre Offenheit gestattet Ihnen, Ihr Wohlbefinden zu spüren.

Nun hat sich an Ihrem Wohlbefinden etwas verändert. Ihre Körperhaltung hat sich leicht verändert. Ihre Zunge oder Ihre Finger haben sich vielleicht bewegt. Was Sie jetzt spüren, unterscheidet sich ein bisschen von dem, was Sie vorhin spürten – aber Sie können spüren, dass Sie auf jeden Fall für das Spüren *offen* sind.

Spüren Sie ganz offen und als Offenheit. Erlauben Sie Ihrer Zunge, sich zu öffnen und spüren Sie. Erlauben Sie Ihren Fingern, sich zu öffnen und spüren Sie. Spüren Sie, wie sich die ganze Hautoberfläche für Empfindungen öffnet. Spüren Sie, wie Ihr Geist sich für Gedanken öffnet. Spüren Sie, wie Ihre Augen sich dem Licht öffnen. Alles, was Sie spüren – egal wie schmerzhaft oder angenehm es ist –, können Sie spüren, weil Sie *offen* sind.

Egal wie viel Schmerz oder Freude der Moment Ihnen bringt, die Wahrheit ist, dass Sie Offenheit *sind*. Wenn Sie irgendeiner Facette des Augenblicks Widerstand leisten, wenn Sie sich einer Emotion, einer Person oder einer Situation verschließen, dann leugnen Sie die Offenheit, die Sie sind. Sie bewirken Getrenntheit und Leid – Sie *machen* Getrenntheit und Leid –, auch wenn Sie gerade mit Ihrer Geliebten in der Badewanne sitzen und Trauben essen.

Freude und Schmerz kommen und gehen, und daran können Sie nicht viel ändern. Geboren zu sein garantiert ein gewisses Maß an Freude, Unbehagen und den sicheren Tod. Einfach als Körper am Leben zu sein heißt, sowohl Gesundheit als auch Krankheit zu kennen. Intimität zu genießen heißt, Ihr Herz tiefer Verbundenheit, aber auch lieblosen Augenblicken mit anderen Menschen auszusetzen. Wahres Glück heißt, trotz aller himmlischen und höllischen Erfahrungen offen zu bleiben – offen, wie Sie sind.

Egal wie viele angenehme Dinge Sie erleben, Sie können sich offen ausliefern oder zumachen. Wenn Sie offen sind wie gerade jetzt, bleibt eine weiträumige zärtliche Liebe bestehen – die Offenheit, die Gefühl *ist* –, auch wenn Ihr Körper schmerzt oder Ihr Geliebter Sie verschmäht hat. Wenn Sie sich jetzt verschließen, leiden Sie, weil Sie sich selbst eingeengt und damit von anderen abgetrennt haben, auch wenn Sie von Liebe umgeben sind.

Offenheit ist Glück, allerdings nicht jenes übermütige Glück, das Sie verspüren, wenn jemand Sie kitzelt. Wenn Sie irgendetwas spüren, dann sind Sie für das Gefühl offen. Offenheit ist, wer Sie *sind*, Ihr Ur-Seinsgefühl. Wenn Sie sich dem Moment verschließen, indem Sie Emotionen, Menschen oder Situationen Widerstand leisten, leugnen Sie Ihre Offenheit und leiden. Offenheit ist Glück, weil Sie tief im Innern Offenheit sind.

Ihr Herz kennt immer die Wahrheit der Offenheit. In jedem Moment Ihres Lebens vergleicht Ihr Herz still das heimliche Leid, das Sie gerade *durchmachen*, mit dem Glück, das Ihnen Ihre wahre Offenheit beschert. „Dieser Moment könnte tiefer sein." „Unsere Liebe könnte umfassender sein." „Mein Leben könnte erfüllender sein." Ihr Herz kennt die Wahrheit der Offenheit und leidet unter Ihrem verkrampften, verlogenen Verschlossensein.

Dass Sie diese Lüge leben, merken Sie an chronischer Unzufriedenheit. Egal wie viel Freude oder Schmerz Ihnen begegnet, Unzufriedenheit bedeutet, dass Sie sich der Offenheit des Augenblicks widersetzen, der Offenheit, die Sie sind, der Wahrheit. Wenn Sie nicht offen für Emotionen, Menschen und Situationen sind, dann leugnen Sie Ihre ureigenste Natur – die Offenheit, die Sie sind.

Üben Sie, Offenheit zu sein, indem Sie sich dem Spüren öffnen. So wie Sie sind, auch wenn Sie sich für gewöhnlich verschließen, können Sie immer üben, sich für das Spüren zu öffnen. Öffnen Sie sich, um all das zu spüren, was Sie gerade spüren. Öffnen Sie sich, um zu spüren, wie Ihr Atem ein- und ausströmt; spüren Sie Ihre Körperhaltung, spüren Sie den Raum und die Bewegung im Raum, der Sie umgibt, spüren Sie die emotionale Klangfarbe der Menschen, die Ihnen am nächsten stehen. Öffnen Sie sich und spüren Sie. Öffnen Sie sich für das Spüren. Öffnen Sie sich, um alles zu spüren, und fühlen Sie sich als die Offenheit selbst.

Üben Sie, sich während des Orgasmus zu öffnen, indem Sie atmen und alles spüren, was Sie spüren können – Ihre intensive Lust, Ihre Geliebte, Ihren Geliebten, den ganzen Raum, die Leben, die überall beginnen und enden, und öffnen Sie sich immer weiter, um alles wirklich ganz zu spüren, ohne sich dabei zu verschließen. Üben Sie in der Zeit nach einem Autounfall, zu atmen und alles zu spüren – Ihre Schnittwunden und blauen Flecke, Ihre Angst, die Liebe jener Menschen, die für Sie sorgen –, und fühlen Sie sich weiterhin offen, während sich jeder Moment entfaltet und Schmerzen und Freude und so weiter mit sich bringt.

Tun Sie Ihr Bestes, um Ihr Leben freudvoll und annehmlich zu gestalten. Aber leben Sie offen, wenn Sie wahrhaftig leben wollen. Leisten Sie keinen Widerstand. Spüren Sie alles. Atmen Sie jedermanns Schmerzen und Freude in Ihr Herz ein und wieder aus. Wenn Sie einen Mangel in Ihrem Leben verspüren, üben Sie sich darin, offen zu leben, zu atmen und sich offen zu spüren.

Sie sind wirklich Offenheit.

6

Atmen Sie alles ein

Ihr Leid entsteht durch Ihre Weigerung, sich zu öffnen.

Die meisten Dinge im Leben haben Sie nicht in der Hand. Die Stunde Ihres Todes, der Sie irgendwann im Leben begegnen werden, Ihr Wohlstand und Ihre Gesundheit liegen teilweise in Ihrer Hand, aber größtenteils weit außerhalb Ihres Einflussbereichs. Zufälle, Synchronizitäten und ein unsichtbares Netz von Einflüssen – von Weltereignissen bis hin zu Kindheitstraumata und feinstofflichen, energetischen Kräften – lassen Muster entstehen, die als die Tage Ihres Lebens erscheinen.

Ihre Absichten und Entscheidungen sind natürlich auch ein Teil dieses Netzes von Einflüssen, aber sie werden von riesigen Vergangenheits-Zukunfts-Mustern umgrenzt, von denen im Moment nur ein winziger Teil sichtbar ist. Ihre besten Absichten und umsichtigsten Entscheidungen können zu völliger Verwüstung oder zu größtem Ruhm führen, weil sie von diesem oder jenem und von Dingen abhängen, die für Sie unsichtbar sind. Sie können immer nur Ihr Bestes tun. Der Rest liegt nicht in Ihrer Hand.

Doch wie sehr Sie sich von Ihrem Leben gefangen fühlen, hängt ausschließlich davon ab, wie tief Sie sich öffnen können. Je mehr Sie sich verschließen und von Ihren Erfahrungen distanzieren, desto getrennter fühlen Sie sich. Je mehr Sie sich verschließen und Ihr Herz schützen, desto einsamer fühlen Sie sich. Je mehr Sie sich Ihrem tiefsten Wunsch verschließen und sich für Sicherheit entscheiden, desto machtloser fühlen Sie sich.

Wenn Sie sich tief öffnen, sind Sie frei. Wenn Sie sich verschließen, fühlen Sie sich gefangen. Wenn Sie sich verschließen, folgen Sie einem gewohnten Muster und stellen sich damit selbst eine Falle.

Vielleicht liegen Sie sterbenskrank im Bett. Tun Sie alles in Ihrer Macht Stehende, um gesund zu werden, und öffnen Sie sich, wie Sie sind. Spüren Sie Ihren Schmerz. Ist er stechend oder dumpf? Ist er konstant oder pochend? Strahlt er aus oder ist er lokal? Fühlt er sich schwarz oder grün oder rot an? Spüren Sie Ihre Schmerzen in allen Einzelheiten, als wären Sie ein Künstler der Schmerzen, der in das Gewebe des Schmerzes hineinspürt und sich öffnet, um dessen Kern zu spüren.

Richtig zu spüren heißt, sich richtig zu öffnen. Spüren Sie Ihre Krankheit richtig, wie eine Mutter, die die Bedürfnisse ihres Kindes erspürt, oder wie ein Golfspieler, der den Wind, die Entfernung und die Richtung spürt, wenn er zum Schlag ausholt. Öffnen Sie sich und spüren Sie. Spüren Sie und öffnen Sie sich. Da Sie Offenheit sind, kommen Ihre Handlungen aus Ihrer Tiefe. In jedem Augenblick, in dem Sie sich öffnen und spüren, ohne sich zu verschließen, sind Sie als Liebe lebendig. Je offener zu spüren Sie sich gestatten, desto freier sind Sie in Ihrer Kunst: als Elternteil, Golfspieler – oder Kranker.

Ihre Offenheit oder Ihre Verschlossenheit entscheidet darüber, ob Sie sich von Ihrer Situation gefangen oder offen als Geschenk der Liebe fühlen. So wie Sie Ihr Bestes tun, um gesund zu werden, tun Sie auch Ihr Bestes, um sich zu öffnen, sonst werden Sie sich, selbst wenn Sie gesund sind, nicht frei fühlen. Viele gesunde Menschen fühlen sich von ihrem Leben gefangen. Im Leben gibt es Gesundheit und Krankheit; Gesundheit ist besser. Aber nur Offenheit stillt Ihre tiefsten Sehnsüchte, frei und als Liebe lebendig zu sein.

Die Umrisse Ihres Verschlossenseins, die Form Ihres Leidens werden von dem bestimmt, was Sie nicht annehmen, nicht spüren und für das Sie sich nicht öffnen wollen. Wenn Sie die Ablehnung Ihrer Mutter nicht annehmen und sich dafür nicht öffnen können, dann bestimmt sie Ihren verhaltenen Seelenschmerz. Wenn Sie Ihre Erfolgsangst nicht annehmen und sich ihr nicht öffnen wollen, dann wird sie dazu führen, dass Sie sich ohnmächtig zurückziehen. Wenn Sie Ihren Wunsch, sich mitreißen zu lassen, nicht annehmen und sich für ihn nicht öffnen können, wird er dazu führen, dass Sie einen starren Panzer anlegen.

Die Dinge, die Sie nur teilweise spüren, vor denen Sie sich zurückziehen und für die Sie sich nicht öffnen wollen, halten Sie gefangen. Wenn Sie irgendetwas *richtig* spüren – selbst den Hass Ihrer Mutter oder Ihren eigenen körperlichen Schmerz –, dann können Sie sich *als* dieses Gefühl fühlen, sich dafür öffnen und trotz Ihrer Verletzungen frei leben. Sie können in die Gehässigkeit, den seelischen Schmerz, die Angst und die Einsamkeit Ihrer Mutter hineinspüren und sich *als das* fühlen, so wie Sie in Ihre vertrocknenden Eingeweide, Ihre brennende Haut und Ihren stockenden Atem hineinspüren und sich *als das* fühlen können.

Wenn Sie merken, dass Sie Widerstand leisten, üben Sie, richtig zu spüren und sich zu öffnen. Wenn Sie der Hass Ihrer Mutter quält, spüren Sie „Ja" statt „Nein". Atmen Sie ihren Hass ein. Spüren Sie ihren Hass im ganzen Körper, bis hinunter zu den Zehen. Seien Sie ihr Hass, so gut es Ihnen gelingt, und öffnen Sie sich ihrem Hass. Entspannen Sie den Körper, öffnen Sie Ihr Herz, atmen Sie tief und bleiben Sie mit ihrem Hass in Verbindung.

Sie sind ein Feinschmecker, der vom Hass kostet. Ein Tänzer, der als Hass tanzt. Ein Lichtstrahl, der als Hass leuchtet. Ein Fluss, der als Hass fließt. Eine Luftblase, die als Hass zerplatzt. Hass? „Ja." Spüren Sie Hass, seien Sie Hass, öffnen Sie sich dem Hass.

Sonst hält der Hass Sie in der Form Ihrer Verschlossenheit gefangen. Sie spüren den Hass Ihrer Mutter – oder den Schmerz Ihres Körpers – und verschließen sich. Ihre Atmung wird flacher, Ihr Bauch verhärtet sich, Ihre Muskeln verspannen sich. Aus diesem Sich-Verschließen heraus treffen Sie Entscheidungen, und deshalb sieht Ihr Leben wie die Form Ihres Sich-Verschließens aus. Die einzige Möglichkeit, frei zu leben, die einzige Möglichkeit, Ihr Leben als Geschenk der Liebe zu leben, ist, alles richtig zu spüren und offen zu leben.

Wenn Sie verschlossen sind und „Nein" gegenüber einem Teil Ihrer Erfahrung spüren, schrumpft Ihre Welt in dem Maß, in der Ihre Weigerung Sie beeinflusst. Sie sind in Ihrem einengenden „Nein" eingeschlossen und verpassen die Offenheit, die es jenseits Ihrer dramatischen

Schrumpfung gibt. Sie können Ihre Verschlossenheit aber auch richtig spüren, die Beschaffenheit Ihrer Qual richtig einatmen und sich zu jedem Moment *für* all das öffnen, was Sie spüren. Wenn Sie offen und als Liebe lebendig sind, sind Sie frei.

Frei zu sein heißt nicht frei *von* etwas zu sein. Solange Sie leben, können Sie niemals frei von Schmerz, Verlust oder Tod sein. Die Dinge kommen und gehen, auch Ihre Lieben, Ihr eigener Körper und Ihr Geist. Wirklich frei zu sein bedeutet, *als* etwas frei zu sein. Wahre Freiheit heißt, richtig zu spüren und als Liebe lebendig zu sein, sich als dieser ganze Moment zu spüren, indem man sich genau dann öffnet, wenn dieser Moment stattfindet.

Wenn die Misserfolge in Ihrem Leben Sie bedrücken, dann gestatten Sie sich, wirklich zu spüren, was Bedrückung ist. Spüren Sie Ihre eingesunkene Brust, Ihre flache Atmung, Ihre Weinerlichkeit. Nehmen Sie wahr, wenn Sie sich zurückziehen und Ihre Gefühle sich verhärten, und fühlen Sie sich weiter.

Fühlen Sie sich drei Meter weiter als Ihr schmollender Körper, damit Sie das Zimmer oder den Raum um sich herum spüren können. Öffnen Sie Ihre Empfindung weiter, damit Sie über das Gebäude, in dem Sie sich befinden, hinausspüren können. Lauschen Sie dem am weitesten entfernten Geräusch, das Sie hören können. Spüren Sie noch weiter in die Ferne, damit Ihr fühlendes Herz sich öffnet, um in die Unendlichkeit hinauszuspüren.

Atmen Sie Unendlichkeit, die Offenheit des Spürens, in Ihr Herz ein und wieder aus. Spüren Sie den lebendigen Moment; alles verändert sich, verlagert sich, glänzt. Spüren Sie die Lebendigkeit Ihrer Welt, Ihrer Emotionen, Ihres Geistes – sie alle sind lebendig und entfalten sich wie ein fantastischer Traum.

Öffnen Sie sich und spüren Sie das ganze Spektrum, innen und außen, so tief und weit Sie können. Atmen Sie als Lebendigkeit des ganzen Spektrums, indem Sie spüren und sich dem ganzen Moment öffnen – egal wie bedrückt Ihr Körper, Ihr Geist und Ihre Emotionen zu sein scheinen.

Tun Sie Ihr Bestes, um anderen zu helfen und Ihr eigenes Leben zu verbessern, in dem Wissen, dass es größtenteils nicht in Ihrer Hand liegt. Während Sie so gut es geht planen, entscheiden und handeln, üben Sie, offen zu leben.

Wenn Sie sich vom Leben gefangen fühlen, betrachten Sie es als Hinweis darauf, dass Ihr eigenes „Nein“ Ihnen diese engen Grenzen gesetzt hat. Sie lehnen irgendeine Erfahrung ab, leisten jemandem Widerstand oder versuchen, irgendein Gefühl zu vermeiden. Wenn Sie in dieser Ecke gefangen sind, dann werden selbst Ihre edelsten Absichten durch Ihre ängstliche Verspannung gebremst.

Nehmen Sie stattdessen mit dem „Ja“ Ihres Herzens alles an, was Sie ablehnen. Spüren Sie die Form Ihrer Verspannung, lassen Sie sich hineinsinken, und fühlen Sie sich jeweils drei Meter weit offen, bis Sie schließlich von Ihrem Herzen aus zu allem und jedem und darüber hinaus spüren. Atmen Sie als die Form, an der Sie vielleicht noch festhalten, und öffnen Sie sich atmend für das immer lebendige Licht, so lebendig wie das Spektrum des gesamten Augenblicks. Während alles kommt und geht, leben Sie alle Dinge und seien Sie dabei offen für die Liebe, und schenken Sie freigebig aus Ihrer Tiefe. Freiheit ist Offenheit ist Liebe.

7
Nehmen Sie jedermanns Gestalt an

Sie beschenken andere mit Ihrer Offenheit oder Ihrer krampfhaften Weigerung.

Sind Sie gerade jetzt vollkommen erfüllt? Wenn ja, dann bringt Stress Sie nicht aus der Ruhe und Ihr Leben entfaltet sich als Offenheit. Aber wenn Sie nicht vollkommen erfüllt sind, dann verspüren Sie einen eigenartigen Mangel. Wenn Sie sich von diesem „fehlenden Etwas" leiten lassen, erzeugen Sie Leid in der Welt – bei jedem, den Sie kennen, und bei sich selbst.

Wahrscheinlich lassen Sie sich von dem Gefühl leiten, es fehle Ihnen etwas Wesentliches: Sie wollen mehr Sicherheit, mehr Zuneigung, mehr Verständnis. Bis zu einem gewissen Grad öffnen Sie sich auch der Liebe; Ihre Gedanken und Handlungen entspringen spontan der Tiefe Ihres offenen Herzens. Das heißt, Sie erleben einen Teil Ihres Lebens als krampfhaftes Festklammern und einen Teil als Geschenk.

Zum spirituellen Wachstum gehört, dass Sie Ihr Leben immer mehr als Geschenk der Liebe leben. Während Sie lernen, sich für jeden Moment zu öffnen, entspringt Ihr Leben der offenen Liebe, die Sie im Grunde sind. Wenn Sie als Liebe leben, geben Sie der Welt Liebe und erzeugen in anderen ein Echo, so dass auch sie sich öffnen und anfangen, als Liebe zu leben.

Je nachdem, wie verschlossen Sie sind, belasten Sie die Welt. Ihre Verkrampfung schlägt Wellen und führt dazu, dass sich andere ebenfalls verschließen. Selbst wenn Sie anderen helfen wollen, überträgt sich Ihre Verkrampfung zusammen mit Ihren Bemühungen. Die Menschen mögen zwar von Ihrem Handeln profitieren, aber Sie werden auch von Ihrer Verkrampfung, Ihrem Festklammern durcheinandergebracht.

Sie dienen der Welt erst dann richtig, wenn Ihre Handlungen sich durch einen Körper, der als Offenheit gelebt wird, als Liebe zeigen. Und der einzige Weg, als Offenheit zu leben, ist, sich als Offenheit zu *spüren*. Sie können üben, jeden Moment so zu spüren, wie er ist, und sich seiner Form zu öffnen.

Sind Sie beispielsweise verwirrt, können Sie üben, sich der Verwirrung zu öffnen. Ja, Sie können sogar die Beschaffenheit der Verwirrung spüren, sie wie einen Anzug tragen, der Ihnen wie angegossen sitzt, und offen in seine Form hineinsinken. Mit dieser Offenheit können Sie nach außen spüren, um den ganzen Moment zu spüren und sich für ihn zu öffnen. Egal, wie mies Sie sich innerlich fühlen, Sie können sich Ihrer Form öffnen. In Ihrem jetzigen Zustand – verwirrt, unbeholfen, desorientiert – können Sie üben, Stück für Stück nach außen zu spüren und sich allem und jedem zu öffnen.

Sich diesem Moment zu öffnen, das ist vollkommene Erfüllung. Sie können üben, sich für alles offen zu fühlen, indem Sie zu Beginn die spezifische Form Ihrer Haltung, Ihrer Atmung, Ihrer Bewegungen, Gedanken, Emotionen und Handlungen spüren und sich für sie öffnen. Wenn Sie als Offenheit lebendig sind, ist jeder Teil von Ihnen und Ihr gesamtes Leben erfüllt – es wird vollkommen als Liebe erfahren und löst sich vollkommen in Liebe auf.

Jede Facette dieses verbleibenden Moments gehört Ihnen, und mit ihm sollen Sie üben. Sind Sie immer noch verwirrt, dann können Sie üben, indem Sie die Verwirrung weiterhin tragen, indem Sie ihre Form spüren, als Verwirrung atmen, sich als Verwirrung bewegen und sich genau jetzt der Verwirrung wirklich öffnen, nach außen spüren, und letztendlich als der ganze Moment atmen und sich ihm immer wieder öffnen. Sie sind lebendig als das atmende, handelnde Gefühl, welches Verwirrung ist, und öffnen sich ihrer gesamten Form, um nach außen zu allem und jedem zu spüren, wie eine Seifenblase, die sich dem Sonnenlicht unentwegt und immer wieder weit öffnet.

Wenn Sie jeden Moment offen leben, sind Sie ein Segen für die Welt. Ihre Offenheit erzeugt Offenheit. Ihre Mitmenschen reagieren in dem Maß offen darauf, wie sie dazu bereit sind. Und sie sind, genau wie Sie, nicht immer zu vielem bereit.

Sie werden immer wieder mit allem konfrontiert werden, was Sie nicht erleben und für das Sie sich nicht öffnen wollen. Wenn Sie Angst haben, Wut zu empfinden, wenn Sie die Wut nicht lieben und sich nicht offen in Wut auflösen wollen, dann werden Sie bei sich selbst und anderen ständig mit Wut zu kämpfen haben. Wenn Sie Angst davor haben, Unsicherheit zu fühlen, sie zu lieben und sich für sie zu öffnen, dann werden Sie Bedrohungen für Ihre Sicherheit heraufbeschwören. Ihr krampfhafter Rückzug wird nämlich die Wogen dessen, was Sie fürchten, nicht glätten und unweigerlich eine Konfrontation mit irgendetwas herbeiführen, das Sie nicht vollständig fühlen wollen, als das Sie nicht lebendig und für das Sie nicht offen sein wollen.

Angenommen, Sie sehen einen Dickwanst im Fernsehen, der ein Essproblem hat. Können Sie sich als Dickwanst mit einem Essproblem fühlen? Ja, können Sie gar der durch dieses Essproblem ausgelöste Stress werden und Ihr Gewicht, Ihre Sehnsucht, Ihre Einsamkeit fühlen? Können Sie diese ganze Gestalt richtig spüren und sich der Liebe öffnen, während Sie diese Gestalt sind?

Sie können sich für jede Art von Erfahrung öffnen. Wenn Sie es nicht tun – wenn Sie den Rollladen herunterlassen, sich zurückziehen oder weigern, gewisse Erfahrungen richtig zu spüren –, dann werden Sie dieses Muster, die Wellen des Sich-Verschließens, fortsetzen. Wenn Sie sich nicht der Liebe öffnen können, während Sie sich die ganze Gestalt eines Dickwansts mit einem Essproblem „zulegen", dann wird sich dieses Muster fortsetzen und dazu führen, dass Sie isoliert, ungeliebt und allein sind und sich krampfhaft verschließen.

Und Sie werden sich genauso fühlen. Sie sind die Offenheit dieses ganzen Augenblicks, und Sie fühlen jede trennende Spannung, egal ob sie zu Ihnen oder zu jemand anderem gehört.

Als Offenheit öffnen Sie sich für jedes Lebewesen. Als Offenheit sind Sie nämlich für die Offenheit eines jeden verantwortlich. Sie gehen die Straße entlang und überholen einen alten Mann im Rollstuhl. Können Sie seine Gestalt spüren? Können Sie so keuchend, so pfeifend atmen wie er? Können Sie den Tod neben sich, die Jugend hinter sich, endlos lange Tage des Röchelns, des Schmerzes und der Zersetzung spüren? Können Sie sich diesem alten Mann öffnen, während Sie sein ganzes Daseinsmuster spüren? Können Sie sich der Liebe öffnen, während Sie jedes Detail seiner gebrechlichen Gestalt als Grundlage Ihres Sich-Öffnens spüren?

Wenn Sie sich nicht für jedermanns Form öffnen können, bleibt Ihre Tiefe – die Liebe selbst – verschlossen. Sie werden zutiefst unerfüllt sein, und andere werden durch Ihr krampfhaftes Verschlossensein durcheinandergebracht werden.

Als Erstes können Sie üben, sich für Ihre eigene Gestalt zu öffnen, egal wie sie im Augenblick aussieht: Wut, Freude, Verwirrung, Angst, Kummer, Starre.

Wenn Sie dies eine Weile geübt haben, sind Sie meistens offener als die Menschen in Ihrer Umgebung – deren Verschlossensein verletzt Sie mehr als Ihr eigenes. Sie kommen also nicht umhin, zu üben, sich für *deren* Gestalt zu öffnen. So wie Sie sie spüren, öffnen Sie sich. Wenn sie Wut verspüren, öffnen Sie sich der Wut. Wenn sie Lust verspüren, öffnen Sie sich der Lust. Sie üben, jede Eigenschaft, die Sie fühlen, richtig zu spüren und sich für sie zu öffnen.

Es spielt keine Rolle, ob die Verschlossenheit, die Sie verspüren, Ihre eigene oder die der anderen ist. Wenn Sie die Verkrampfung, die Sie spüren, lösen wollen, bleibt Ihnen nichts anderes übrig, als sich zu öffnen.

Dann wird Ihr Leben zu einer fortlaufenden Übung, sich für den ganzen Augenblick zu öffnen. Wer oder was auch immer Teil dieses Augenblicks ist – Sie fühlen sich als dieser Mensch oder dieses Etwas und öffnen sich dafür. Sie üben, sich zu jedem Augenblick für alles zu öffnen, was Sie in sich oder um sich herum spüren.

Manche Augenblicke sind einfacher als andere. Manchmal wollen Sie sich nicht öffnen. Vielleicht wollen Sie lieber verkrampft festhalten, in Möglichkeiten verharren, sich in Emotionen einspinnen. Diese Augenblicke sind nicht erfüllend, aber vertraut. Manchmal scheint es, als bliebe Ihnen keine andere Wahl, als sich in Ihrer eigenen Verspannung zu winden.

Sie sind genau wie alle anderen Menschen. Sie und die anderen sind Sie Offenheit, entscheiden sich aber oft dafür, verkrampft zu bleiben. Es scheint, als ob jede Verkrampfung ihren eigenen Zeitrhythmus hätte.

Sie können weder sich selbst noch andere zwingen, sich plötzlich ganz zu öffnen und ein für alle Mal offen zu bleiben. Bestimmte Teile öffnen sich leicht, andere scheinen sich dagegen zu wehren. Vielleicht können Sie als Offenheit tanzen oder als Offenheit meditieren, aber wenn jemand Ihre großartige Arbeit kritisiert oder sexuell nicht mehr an Ihnen interessiert ist, dann weigern Sie sich einfach, sich zu öffnen. Wie ein schmollendes Kind weigern Sie sich, jede Beschaffenheit Ihrer Scham, Ihres Verletztseins und Ihrer Unsicherheit zu spüren; Sie weigern sich, sich dieser Gestalt zu öffnen, nach außen zu spüren, andere zu spüren, den ganzen Moment zu spüren und sich für alles und jeden zu öffnen.

Sie erleben Erfüllung in jedem Augenblick, in dem Sie Offenheit praktizieren, egal wie verschlossen Sie normalerweise sind, egal, ob sich jemand anderes verschließt und Sie dies spüren. Die einzig richtige Reaktion darauf ist, zu üben, sich der Gestalt dieses ganzen Augenblicks zu öffnen.

Sie sind im Leben entweder für die Liebe oder für die Verkrampfung offen. Sie leben entweder wahre Offenheit oder die Lüge des Sich-Verschließens – und tief im Innern spüren Sie dies auch.

Liebe beziehungsweise Offenheit ist das Geschenk, das Sie für andere sind. Ihre Fähigkeit, als Offenheit zu leben, überträgt die Tiefe Ihrer Liebe. Wenn Sie jedermanns Verschlossenheit als die Gestalt dieses Augenblicks tragen und sich für seine ablehnende Haltung öffnen können, indem Sie alles spüren und sich für alles öffnen, dann gibt es keine Unliebe mehr. Auch wenn es immer wieder zu einer Verkrampfung kommt, ist ihr angstgesteuertes Handeln gut spürbar, und die Offenheit blüht durch ihre Form neu auf. Es zeigt sich, dass jeder Augenblick für die Liebe offen ist. Dies ist Ihre einzige Erfüllung.

8
Schenken Sie sich als Liebe

Sie sehen so aus wie das, was Sie fühlen.

Mit der Zeit werden Sie so aussehen wie all die Dinge, denen Sie genau in diesem Moment Beachtung schenken. Und Sie sehen bereits so aus wie alles, womit Sie Ihre Zeit bisher verbracht haben.

Was wäre auf einem Video zu sehen, wenn man Sie in den letzten acht Stunden aufgenommen hätte? Würden Sie ein langes Gesicht machen oder strahlen? Wäre Ihr Brustkorb eingefallen oder stolz geschwellt? Würden Sie sich wie ein hektischer Roboter oder wie ein überschwänglicher Liebhaber bewegen?

Angenommen, Sie sitzen den ganzen Tag lang am Computer, starren auf den Monitor, jonglieren mit Wörtern und Zahlen. Tag für Tag stimmen sich Ihr Körper und Ihr Geist auf den Cyberspace ein. Es kann sein, dass Sie ganz schnell wie das trockene Fachgebiet aussehen, mit dem Sie sich beschäftigt haben: funktional, logisch, gefühllos. Ihre Schultern fallen nach vorn, Ihr Nacken verspannt sich, Ihr Körper ist leer. Es ist mitunter Kraft raubend, sich Tag für Tag in einen Computer einzufühlen.

Oder angenommen, Ihre Geliebte verlässt Sie und Sie grübeln den ganzen Tag lang über die Trennung nach, sind verletzt, deprimiert und haben Angst. Ihr Brustkorb sinkt zusammen, Ihre Atmung wird flach, Ihr Gesicht wird immer blasser. Bald sehen Sie genauso aus wie die düstere, schwindende emotionale Energie, mit der Sie sich beschäftigt haben. Wenn Sie sich in düstere Stimmungen einfühlen, verdunkelt sich Ihr ganzes Verhalten.

Stellen Sie sich vor, Sie hätten gerade eine Million Dollar gewonnen. Ihre Augen weiten sich, die Röte steigt Ihnen ins Gesicht, Sie tanzen und schreien und kreischen und fallen allen Umstehenden um den Hals. Sie sehen wie die überschäumende Energie aus, mit der Sie sich dank Ihres Millionen-Dollar-Augenblicks jetzt befassen. Es gibt Ihnen Kraft, sich in den gewaltigen Geldstrom einzufühlen.

Worauf Sie Ihre Aufmerksamkeit richten, entscheidet darüber, wie Sie aussehen und sich fühlen. Sie könnten sich beispielsweise Ihren sexuellen Bedürfnissen widmen. Sie könnten auf eine Party gehen und nach möglichen Sexualpartnern Ausschau halten. Wenn Sie nur auf Sex aus sind, würden Sie irgendwann wie ein Genital mit Armen und Beinen aussehen. Und wenn Sie in eine Single-Bar gehen, sehen Sie dort vielleicht wirklich eine ganze Menge Genitalien, die herumgehen und reden.

Andererseits können Sie sich genau in diesem Augenblick in die tiefste Liebe in Ihrem Herzen einfühlen. Sie können an jemanden denken, den Sie wirklich lieben, oder sich einfach direkt in Ihr tiefes Herz einfühlen, indem Sie sich mit seiner Offenheit, seinem Mitgefühl und seiner Fürsorglichkeit befassen. Das können Sie den ganzen Tag lang tun. Selbst wenn Sie etwas aufregt, können Sie beschließen, Ihre Aufmerksamkeit Ihrem Herzen zu schenken, und sich in die Liebe einfühlen.

Spüren Sie Ihren Herzschlag genau jetzt. Entspannen Sie Ihren Körper und lassen Sie Ihren Atem weich fließen, damit Sie spüren können, wie Ihr Herz tief im Innern schlägt und nach außen zu Ihren Händen, Ihren Füßen und Ihrem Kopf pulsiert. Öffnen Sie in Ihrer Vorstellung Ihren Brustkorb, so dass Ihr lebendiges, zartes, gleißendes Herz der Welt schutzlos ausgeliefert ist. Schenken Sie in Gedanken Ihr Herz allen Menschen, als schenkten Sie Ihrer Geliebten eine strahlende, zarte Blume.

Während Sie Ihr Herz für alles und jeden öffnen, spüren Sie Ihr Geschenk als Liebe. Wie fühlt sich Liebe an? Wie zeigt sich Liebe? Was würde eine Videoaufzeichnung über Sie verraten, wenn Sie Ihren Herzschlag spüren und sich allen Menschen und Dingen draußen öffnen?

Wenn Sie sich beständig der Liebe öffnen, sehen Sie bald wie die Liebe aus. Ihr Gesicht strahlt. Ihre Augen funkeln. Ihr Körper bewegt sich anmutig, während er sich den Gezeiten der Liebe öffnet, die aus der Tiefe Ihres Herzens zu allem und jedem strömt – den ganzen Tag lang, bei der Arbeit, beim Sex. In Ihrer Stimme schwingt die Fülle der Liebe mit – und nicht der Stress, den ein sexuelles Bedürfnis oder die Verbitterung über einen emotionalen Verrat auslösen. Da jeder Teil von Ihnen das typische Merkmal Ihres Gefühls übernimmt, zeigen Sie sich als Liebe, wenn Sie sich als Liebe fühlen.

Sie können sich auch nur Ihren sorgenvollen Gedanken und verwirrten Gefühlen widmen und wirken dann sorgenvoll und ängstlich. Sie können sich aber auch trotz Ihrer Sorgen und Probleme als Geschenk der Liebe offen fühlen.

Wenn Sie üben, sich offen zu fühlen, löst sich die Angelegenheit auf, noch während sie stattfindet. Offenheit setzt sich durch. Die Liebe erscheint als Ihre Person.

9
Lösen Sie den Klammergriff, wie Sie es im Schlaf tun

Den meisten Dingen im Leben liegt Angst zugrunde.

Wenn wir tief und traumlos schlafen, haben wir keine Angst. Aber zu anderen Zeiten wirbelt die Angst meist Tag und Nacht durch Ihre Gedanken, Emotionen und Ihren Körper. Sie haben Angst vor Armut, und deshalb arbeiten Sie, um Geld zu verdienen. Sie haben Angst vor Einsamkeit und versuchen deshalb, Vertrautheit zu schaffen. Sie haben Angst, sich ohne Zukunftsperspektive zu entspannen, und deshalb denken Sie und denken und denken.

Angstfreie Leichtigkeit ist etwas Kostbares. Die Angst lässt für einen Moment nach, wenn Sie sich bei einem Sonnenuntergang, dem Lachen eines Kindes oder bei einem heißen Bad vergessen. Ihr Geist öffnet sich, Ihr Herz entkrampft sich, Ihr Körper gibt sich dem Vergnügen hin. Aber schon bald verspannen Sie sich als Reaktion auf eine Lappalie oder eine eingebildete oder reale Bedrohung. Ihr Geist arbeitet auf Hochtouren, Ihre Emotionen kochen hoch, Ihr Körper versteift sich. Nach einer Weile fühlt sich die Angst normal an. Flache Atmung? Verspannter Unterkiefer? Gedankenkarussell? Tja, so ist das Leben wohl!

Das Leben scheint Leiden zu sein. Unentwegt denken Sie sich Gespräche aus, die Sie immer wieder abspulen, und leben in Sorge. Sie haben einen Knoten im Bauch. Ihr Herz hat sich verhärtet. Nur im Tiefschlaf grübeln, überlegen oder träumen Sie nicht. Der Tiefschlaf erscheint Ihnen wie ein Eintauchen in ungetrübtes Glück, wie die Wiederherstellung friedlicher Tiefe und beständiger Offenheit. Und wenn dann der Wecker schrillt, verkrampft sich Ihr Bauch und Ihr Geist fängt wieder an, sich im Kreis zu drehen.

Bleiben Sie empfindsam, wenn Sie aus dem Tiefschlaf in den Stress der Wachsamkeit hinein erwachen. Spüren Sie mit sanfter Offenheit den tiefen, stillen Frieden, der unter dem Wirbel von Gedanken, Geräuschen, Farben und Gefühlen fortbesteht. Das Leben im Wachzustand ist eine *Zugabe* zum Glück, das der Tiefschlaf schenkt. In jedem Augenblick können Sie sich in die Sphäre der tiefen Offenheit des Schlafs einfühlen, auch jetzt. Während sich das Leben abspielt, ist ein Teil Ihres Bewusstseins immer mit dem angenehmen Gefühl tiefer Entspannung verbunden, wie ein tiefes Meer des Friedens unter aufgewühlten, schäumenden Wellen.

Angst führt dazu, dass Ihr Geist sich weiterhin mit den Wellen beschäftigt. Angst ist eine Anspannung: Was passiert, wenn ich mich nicht mehr um alles kümmere, was getan werden muss?

Was passiert *tatsächlich*, wenn Sie sich genau jetzt, wie im Tiefschlaf, ergeben? Was passiert, wenn Sie Handlung und Wahrnehmung mühelos aus offener Tiefe hervorbrechen und dieser Quelle spontan entspringen lassen?

Das Meiste geschieht ohne Ihre bewusste Absicht. Ihre Nahrung wird verdaut, umgewandelt und verteilt sich ganz von selbst im Körper. Ihr Herz schlägt, Ihre Lungen blähen sich beim Atmen, ja sogar Ihre Gedanken tauchen spontan auf, wie Träume am Tag, und entschwinden dann ohne Ihr Zutun. Ihr Leben ist eine Aneinanderreihung fortlaufend stattfindender Prozesse, und Ihr Gewahrsein ist mehr oder weniger mit von der Partie.

Dennoch bleibt das Ich-Gefühl erhalten. Wenn Sie langsam aus tiefem Schlaf erwachen, haben der Stress und die Aufregungen des Tages noch nicht Besitz von Ihnen ergriffen. Langsam kehren Sie dann zu den Problemen des Alltags zurück, können jedoch zwischen der Entspannung des Schlafs und dem Stress des Tages unterscheiden. Mit etwas Übung können Sie sich sogar im Wachzustand in die Quelle des tiefen Schlafs hineinsinken lassen. Spüren Sie den Ort tief in Ihrem Inneren, der still, grenzenlos und vollkommen stressfrei ist. Lassen Sie sich in diesen Ort hineinsinken, als würden Sie in tiefsten Schlaf hineingleiten. Wenn Sie diese stille Tiefe des Glücksgefühls spüren, so als würden Sie tief schlafen, dann öffnen Sie die Augen.

Spüren Sie nun mit weit geöffneten Augen weiterhin Ihre Tiefe, den Ort, wo der Schlaf wohnt. Spüren Sie die grenzenlose Offenheit, das tiefe Wasser Ihres Herzens, und öffnen Sie sich immer weiter. Spüren Sie die Welt ringsherum so, als erschiene sie Ihnen im Tiefschlaf. Öffnen Sie sich für die Farben, die Sie sehen. Öffnen Sie sich für die Geräusche, die Sie hören. Öffnen Sie sich für die Menschen um Sie herum.

Während Sie sich als die Tiefe des Schlafes fühlen und für alle und alles öffnen, öffnen Sie sich auch für Ihren Körper. Fühlen Sie sich tief im Innern offen, während Sie sich ebenfalls allem und allen um Sie herum öffnen, und lassen Sie Handlung aus der Tiefe Ihres Bauches entspringen. Bewegen Sie sich erst, wenn ein entsprechender Impuls aus Ihren Tiefen erwächst.

Wenn der Impuls, sich zu bewegen, in Ihren Eingeweiden rumort, dann bewegen Sie sich, und spüren Sie dabei, wie Sie aus der Tiefe für alles und jeden offen sind. Während Sie wie im Tiefschlaf mit weit geöffneten Augen alle anderen Menschen und Dinge so spüren, wie sie sind, öffnen Sie sich, spüren Sie und bewegen Sie sich als Geschenk der Liebe aus der Tiefe Ihres Bauches heraus. Leben Sie als Liebe, die aus der Tiefe heraus für alle und alles offen ist.

Aus der Tiefe können Sie alle Ihre Tage so leben, dass Sie für die Liebe offen sind. Aber ohne diese Verbindung zu Ihrer tiefen Quelle werden Sie von Ihrem Zögern und Ihrer Angst zermalmt. Ihr Leben wird an der Oberfläche von Wellen aufgewühlt, von widersprüchlichen Spannungen, Bedürfnissen und Wünschen durchpflügt und hin und wieder durch kurzlebige Freuden geglättet. Sie mögen lächeln, aber der Tod wartet auf Sie, die tiefe Liebe rückt in weite Ferne, und die Freiheit, die ein endgültiger Sieg bescheren würde, bleibt unerreicht.

Spüren Sie Ihre große Angst, *ganz* loszulassen, genau jetzt. Während Sie diese Urangst spüren, öffnen Sie sich tiefer als die Angst. Üben Sie, sich für die tiefe Quelle und die vielen verschiedenen Gefühle dieses Augenblicks offen zu fühlen. Seien Sie das Wasser, indem Sie sich aus der Tiefe heraus, durch die oberflächlichen Strömungen Ihres Lebens hindurch, über den offenen Rand des Augenblicks hinaus offen fühlen. Üben Sie, sich den ganzen Tag lang offen zu fühlen, als offenes Geschenk der Liebe.

10
Entspannen Sie sich, so wie Sie gerade sind

Es ist besser, an sich zu arbeiten, als sich zu schämen; aber offen zu sein, ist ein Zeichen von tieferer Reife.

Sie können im Umgang mit negativen Emotionen wachsen. Wenn Sie Ihrer selbst allmählich immer mehr gewahr werden, wird Ihnen vielleicht auffallen, dass Sie in Negativität schwelgen, selbst wenn Sie leugnen, ein Problem zu haben. Negative Emotionen rauben Ihnen eindeutig Energie. Sie ziehen Sie herunter. Hass, Wut, Lust, Depressionen, Gier – besser ist es, liebevoll, mitfühlend, kreativ und großzügig zu sein, so scheint es jedenfalls.

Also entwickeln Sie sich zur nächsten Phase weiter. Sie arbeiten daran, ein besserer Mensch zu werden. Sie können Ihre negativen Emotionen auf vielerlei Art in positive verwandeln. Sie können einen Therapeuten aufsuchen und die Wurzel Ihrer Wut in der Kindheit entdecken. Sie können lernen, Ihre Erfahrung in einen neuen Rahmen zu stellen, und – wenn die Wut hochkocht – den besten Augenblick Ihres Lebens visualisieren und dem gegenwärtigen Augenblick ein neues emotionales Muster geben. Statt in Wut zu schwelgen, können Sie lernen, die Wut in eine positive Antriebskraft zu verwandeln.

Statt jemanden zu hassen, lernen Sie, Mitgefühl für ihn oder sie zu empfinden, weil Sie wissen, dass diese Menschen, egal wie böse sie scheinen, genau wie Sie leiden und nach einer Antwort suchen. Statt vor Neid zu vergehen, entwickeln Sie ein Gefühl für Überfluss – wie wundervoll es ist, dass Schönheit überall und in Gestalt jedes Menschen im Überfluss vorhanden ist. Wenn eine negative Emotion aufkommt, können Sie unterschiedliche Methoden erlernen, um heftige

Emotionen in positive, energiegeladene Antriebskräfte und Gefühle zu verwandeln, statt sie zu leugnen, sich zu verspannen und sich mit Essen vollzustopfen oder mit Alkohol volllaufen zu lassen.

Sie haben sich immer für sich geschämt, und jetzt fühlen Sie sich gut. Doch wenn Sie weiter wachsen, kommt Ihnen Ihr Wunsch, negative Emotionen in positive zu verwandeln, bald unaufrichtig vor. Ihr Bedürfnis, sich mit sich selbst gut zu fühlen, wird langsam zu einer Last. Ihr Bedürfnis, erfolgreich, liebenswert und einzigartig zu sein, erscheint Ihnen mit der Zeit unnütz, wie Wundschorf, der bald abfällt. Genauso wie Sie einst motiviert waren, sich eher gut als schlecht zu fühlen, sind Sie jetzt ganz automatisch bereit, sich ohne irgendein – positives oder negatives – Selbstbild zu öffnen, das Sie vor dem schützt, was *ist*.

Während Ihres spirituellen Wachstums werden Sie mit negativen Emotionen ganz automatisch immer erfahrener umgehen. Am Anfang verharren Sie in Negativität, zwischen Leugnung und Schamgefühl. Dann strengen Sie sich in bester Absicht an, negative Emotionen in positive zu verwandeln, und werden darin so gut, dass Sie im Spiegel Ihres Selbstwerts ein erfolgreicherer und liebenswerterer Mensch werden.

Schließlich können Sie gar nicht anders, als getreu dem zu leben, was ist – getreu *allem*, was ist. Sie versuchen nicht mehr, sich mit Motivation und positivem Denken Mut zuzusprechen. Sie öffnen sich dem Mangel und der Dunkelheit, die Sie bisweilen empfinden. Sie sind willens, *alles* zu spüren, zu atmen und zu sein – Dunkelheit und Licht. Wenn Sie sich jedem Jetzt-Moment öffnen, erleben Sie Ihr Leben nicht mehr als Hoffnung auf Erfolg und Liebe, sondern als sich entfaltende Offenheit.

Angenommen, Sie fühlen sich bedrückt. Sie fühlen sich wertlos. Sie beschließen daher, mit einer Affirmation Ihr Selbstgefühl zu heben: „Ich habe Liebe und Erfolg verdient. Ich bin ein einzigartiger, starker und guter Mensch."

Affirmationen erfüllen ihren Zweck eine Zeit lang, werden Ihnen aber, wenn Sie weiter wachsen, irgendwann schal vorkommen. Ihr Gespür geht mehr in die Tiefe, und unter der Oberfläche haben Sie trotz Ihrer Bemühungen den Eindruck, dass Sie noch immer nichts sind. Wie wollen Sie mit Ihrer Bedrückung umgehen und weiter wachsen?

Wenn Sie bereit sind, genau das zu spüren, was ist, und sich für jeden Moment öffnen, dann gibt sich Ihr Leben als Wahrheit zu erkennen. Wenn Sie beispielsweise das Gefühl haben, nichts zu sein, dann öffnen Sie sich dem Nichts, und zwar ganz.

„Ich bin nichts", fühlen Sie. Lassen Sie sich in die Grube des Nichts hineinfallen. Lassen Sie sich in die Schwärze hineinsinken. Spüren Sie, wie dunkles Nichts durch Ihre Haut sickert, Ihren Körper durchdringt und schwarz durch Ihr Herz und Ihre Eingeweide kriecht. Atmen Sie, entspannen Sie sich und öffnen Sie sich dem dunklen Nichts.

Sie sind Offenheit, die als Schwärze lebendig ist. Öffnen Sie sich weiterhin, so wie Sie sind, und spüren Sie dabei in alle Richtungen ohne Grenzen.

Atmen Sie als Dunkelheit und fühlen Sie sich offen. Gestatten Sie dem Augenblick, sich offen zu entfalten, und seien Sie offen.

Wenn Sie Wut verspüren, dann seien Sie bereit, die Wut ganz zu spüren. Spüren Sie, wie Ihr Gesicht rot anläuft und Ihr Herz hämmert. Spüren Sie, wie Ihre Hände sich zu Fäusten ballen und die Füße aufstampfen wollen. Spüren Sie, wie heiße Energie aus Ihrem Bauch nach oben drängt, wie Sie die Augen aufreißen und am liebsten laut schreien möchten.

Spüren Sie Ihren ganzen Körper lebendig als Wut, und öffnen Sie sich, um ringsherum zu spüren. Spüren Sie, während Sie als Wut lebendig sind, in den Boden, in den Himmel und nach außen in jede Richtung. Spüren Sie in jeden Menschen hinein, mit dem Sie zusammen sind. Wenn Sie auf Ihre Liebste wütend sind, spüren Sie in sie hinein. Sehen Sie ihr in die Augen. Spüren Sie in ihr Herz hinein. Öffnen Sie Ihr Herz, um jeden Teil Ihrer selbst und Ihrer Liebsten zu spüren.

Öffnen Sie sich von Herzen der Wut, atmen Sie als Wut, spüren Sie, wie die Wut durch Ihren Körper jagt, spüren Sie in Ihre Liebste hinein und öffnen Sie sich. Spüren Sie das Herz Ihrer Liebsten, ihre Atmung, ihre Energie, und öffnen Sie sich auch weiter als Ihre Liebste. Spüren Sie die Energie des Windes, der Sonne, die Energie von jedem überall. Spüren Sie Wut und öffnen Sie sich, spüren Sie Ihre Liebste und öffnen Sie sich, spüren Sie alles und öffnen Sie sich, von Herzen durch alles und darüber hinaus.

Öffnen Sie sich der Wut grenzenlos, indem Sie alles und jeden aus der offenen Tiefe Ihres Herzens heraus spüren.

Wenn Sie sexuelles Verlangen verspüren, dann spüren Sie es ganz. Öffnen Sie Ihr Herz, um das Feuer in Ihren Lenden zu spüren. Spüren Sie Ihr Begehren, Ihr Bedürfnis, Ihren Drang zu verschmelzen, zu verzehren und verzehrt zu werden, aus tiefstem Herzen. Leben Sie Ihre Lust ganz aus, ohne ihr Einhalt zu gebieten.

Lebendig als Wollust, drängend und nach Befriedigung hungernd, spüren Sie von Ihrem Herzen aus in die köstliche Frau, den köstlichen Mann, den Sie begehren. Atmen Sie Hochgenuss ein und aus. Spüren und atmen Sie ihre vollen Lippen, die Rundungen ihres Pos. Spüren und atmen Sie die Intensität in seinen Augen, die Stärke seines Rückgrats. Spüren und atmen Sie die Schokolade des Kuchens, die Kühle des Biers. Spüren und atmen Sie das sinnliche Objekt Ihrer Lust richtig ein und wieder aus.

Spüren Sie von Ihrem Herzen aus durch Ihren wollüstigen Körper hin zu seinem Objekt, und öffnen Sie sich jetzt, um so weit zu spüren, wie Sie können. Spüren Sie als lebendige Wollust von Ihrem Herzen aus in Ihre linke und Ihre rechte Körperhälfte, nach hinten und nach vorn, nach unten und nach oben, spüren Sie nach außen in alle Richtungen, soweit Sie können. Spüren Sie als lebendige Wollust grenzenlos nach außen. Öffnen Sie sich von Herzen grenzenlos der Wollust, und spüren Sie dabei alles, was Sie begehren, ganz, atmen Sie alles, was Sie begehren, ein und aus, und spüren Sie noch weiter nach außen, um sich über den Horizont des Augenblicks hinaus zu öffnen.

Öffnen Sie sich für jede so genannte negative Emotion, die Sie verspüren. Öffnen Sie sich so, wie Sie gerade sind; egal was Sie spüren. Öffnen Sie sich, egal was Sie spüren. Leben Sie als Liebe, und spüren Sie dabei grenzenlos nach außen. Während Sie alles spüren, alles atmen, öffnen Sie sich genau so, wie Sie gerade sind.

Jeder Augenblick, egal wie gut oder schlecht er ist, entfaltet sich offen. Die Hoffnung auf persönlichen Erfolg und positive Emotionen ist besonders faszinierend, wenn Sie das grenzenlose Sich-Öffnen, das Sie sind, vergessen haben – oder noch entdecken müssen.

11
Würdigen Sie Ihre Tiefe

Wenn Sie Ihr Leben von Grund auf ändern wollen, gehen Sie lieber mehr in die Tiefe, bevor Sie sich zu einem anderen Verhalten zwingen.

Wahrscheinlich haben Sie an Neujahr gute Vorsätze gefasst, an die Sie sich nicht gehalten haben. Vielleicht haben Sie versprochen, Ihre Ernährung umzustellen, mehr Sport zu treiben oder einen Schlachtplan in die Tat umzusetzen, und sind letztendlich damit gescheitert. Sie fangen schwungvoll an, fallen dann aber in alte Gewohnheiten zurück und sind nicht mehr fähig, den Weg weiterzugehen, den Sie sich in Ihrer anfänglichen Begeisterung vorgenommen haben.

Im Grunde haben Sie sehr wenig Einfluss auf Ihr Leben. Ihre Gedanken und Gefühle lassen sich bis zu einem gewissen Grad willentlich beeinflussen, aber meistens sind Sie ein Gewohnheitstier. Sie können sich neue Gewohnheiten zulegen, aber die haben selten Bestand. Bald sind Sie wieder bei Ihren alten Mustern. Ihre persönlichen Ecken und Kanten lassen sich abschleifen, aber die meisten Ihrer Eigenschaften sind ein für alle Mal in Stein gemeißelt.

Ihr Leben wird von Mustern und Kräften gestaltet, die eine viel größere Rolle spielen als Ihnen bewusst und lieb ist. Nachts werden Träume ohne Ihren Willen gesponnen. Tagsüber denken und handeln Sie in einer Art und Weise, die Ihren Absichten oft zuwiderläuft. Scheinbar zufällige Begegnungen und Ereignisse können Ihr ganzes Leben verändern. Irgendwie hängt alles zusammen, aber es ist schwierig, das Muster zu erkennen, das alle Bereiche Ihres Lebens miteinander verbindet.

Egal wie leidenschaftlich Sie versuchen, die Dinge in den Griff zu bekommen – Ihr Leben ist und bleibt ein Geheimnis. Warum lieben Sie den Menschen, den Sie lieben, und wie lange wird dies so sein? Wissen Sie genau, was Sie sagen werden, bevor Sie den Mund aufmachen? Warum denken Sie gerade jetzt so, wie Sie denken, und was werden Sie als Nächstes tun? Das Wetter lässt sich leichter vorhersagen als das, was Sie nächste Woche – oder in zehn Sekunden – denken, fühlen und tun werden.

Sie können sich noch so sehr bemühen, sich zu ändern, Ihr Leben entfaltet sich trotzdem auf geheimnisvolle Weise und wird von Einflüssen geformt, die weit jenseits Ihres Einflussbereichs liegen. Es geschehen Dinge, manchmal erfreuliche, manchmal unerfreuliche. Auf jeden Fall haben Sie, je älter Sie werden, das Gefühl, es fehle Ihnen etwas. Vielleicht achten Sie nicht mehr so darauf und finden sich mit Ihrem Leben ab, so wie es ist: gut oder schlecht. Aber wenn Sie weiter wachsen, sind Sie irgendwann automatisch nicht mehr daran interessiert, Ihre Lebensmuster zu verändern, sondern beschäftigen sich intensiver damit, sich zu öffnen und Ihre tiefsten Geschenke der Liebe genau jetzt zu geben.

Verändern Sie die Dinge, die Sie verändern können, und akzeptieren Sie jene, an denen Sie nichts ändern können – und öffnen Sie sich irgendwann dafür, tiefer zu spüren als die Dinge, die Sie ändern beziehungsweise nicht ändern können. Mit mehr Übung können Sie sich öffnen und Ihre tiefsten Geschenke darbieten, egal wie die Dinge sind.

Wie können Sie sich tiefer öffnen? Es ist leichter, sich zu öffnen, als diesen Vorgang zu beschreiben. Wo ist „tief"? Wo spüren Sie Vorahnungen? Wo spüren Sie Ihre Intuition? Wo öffnen Sie sich, wenn Sie jemanden sehr lieben – welcher Teil von Ihnen öffnet sich?

Ihre schönsten Liebesgeschenke kommen aus der Tiefe, spontan. Wahrhaftige Veränderung findet aus der tiefen Offenheit der Liebe statt.

Angenommen, Sie versuchen, mit Ihrem Liebsten über Ihre Liebe zu ihm zu sprechen. Sie könnten eine Rede auswendig lernen und sie Wort für Wort vortragen. Oder Sie könnten Ihre Gefühle aufschreiben und sie Ihrem Liebsten vorlesen. Mit beidem mögen Sie zwar die richtigen Worte vermitteln, aber vielleicht wirken Ihre Bemühungen irgendwie gekünstelt.

Würden Sie Ihrem Liebsten genau jetzt gegenüberstehen, könnten Sie versuchen, direkt von Herzen zu sprechen, ohne auswendig Gelerntes vorzutragen oder etwas abzulesen. Wie ungehindert würde Ihre Liebe von Ihrem Herzen in Worte fließen? Das hängt teilweise davon ab, wie offen Ihr Körper ist. Mit zusammengepressten Lippen, geballten Fäusten und angespanntem Bauch mögen Sie zwar wahre Worte sprechen, aber etwas gepresst klingen. Um sich der Liebe wirklich zu öffnen und diese Offenheit jetzt und in jedem Augenblick darzubieten, können Sie üben, Ihren Körper zu öffnen.

Spüren Sie aus dem Herzen heraus Ihre Kiefermuskeln und lösen Sie jede unnötige Spannung. Öffnen Sie die Hände, damit Luft an die Handflächen kommt. Lockern Sie Ihren Bauch, so dass sich Ihr ganzer Körper mit Atem füllt. Atmen Sie und öffnen Sie sich entspannt. Ein offener Körper ist nicht schlaff, sondern wie eine Katze: reaktionsbereit, lebendig und ausdrucksstark.

Durch einen offenen Körper kann die Liebe müheloser strömen. Ihre Liebesbekundungen können von Ihrem Herzen zu Ihrem Liebsten fließen, ohne angespannt zu wirken. Ist Ihr Körper offen, kann Ihre Tiefe sich über Ihre Atmung, Ihre Worte und Gesten einfacher zeigen.

Um wirklich bis in die Tiefe offen zu bleiben, spüren Sie in die Tiefe Ihres Liebsten hinein, als würden Sie mit einem Gefühlsmessgerät weit in sein Herz hineinreichen. Atmen Sie mit Ihrem Liebsten, öffnen Sie sich entspannt mit ihm, öffnen Sie sich bis tief in Ihr Herz hinein mit ihm und lassen Sie Ihre Worte fließen.

Spüren Sie, wie sich sein Herz öffnet und schließt, während Sie sprechen. Setzen Sie Ihre Worte wie Musik ein, um ein Lächeln in sein Herz zu bringen, und beschwören Sie dabei sanft eine Offenheit tiefen Vertrauens. Ihr Liebster spürt Ihre Tiefe, wenn er die Tiefe Ihrer Worte spürt, und kann sich dann mit Ihnen gemeinsam entspannt öffnen. Lassen Sie Ihre Poesie aus offener Tiefe entspringen, die von Ihrer beider Herzen als eins empfunden wird.

Ihre spontanen, aus der Tiefe Ihres Herzens kommenden Worte vermitteln Ihre wahre Liebe oft eleganter und nachhaltiger als Ihre einstudierten Sprechversuche. Dies gilt für alle Muster Ihres Lebens.

Wenn Sie beispielsweise versuchen, an Ihren Ernährungsmustern etwas zu verändern, ohne tiefer zu spüren, dann bleiben diese Veränderungen wahrscheinlich oberflächlich und stümperhaft. Viele Ihrer Essgewohnheiten sind durch Stress, Einsamkeit und Verletzungen sowie durch Routineabläufe entstanden, die Ihnen Ihr Tagesprogramm vorgibt. Wenn Sie tiefer spüren, können tiefere Ausdrucksformen der Liebe durch Ihr Leben – und durch Ihre Essweise – zum Vorschein kommen.

Stellen Sie sich vor, Ihre Liebste hat Ihnen den Laufpass gegeben, und jetzt sitzen Sie da und futtern Süßigkeiten. Suchen Sie als Erstes nach etwaigen Verspannungen im Körper. Spüren Sie die Weichheit Ihrer Zunge, Ihres Nackens und Ihres Bauchs. Atmen Sie und öffnen Sie Ihren Körper.

Spüren Sie nun tief in Ihr Herz hinein, an den Ort, wo Sie tiefe Liebe empfinden. Auch wenn Sie die Liebe im Augenblick nicht spüren, spüren Sie in den Ort hinein, wo Sie sie spüren *würden*. Öffnen Sie sich, um Ihr tiefes Herz zu spüren. Wenn Sie es trotz Ihres Kummers spüren können, lassen Sie Ihre Abwehr fallen, damit Sie das, was Sie spüren, auch richtig und ohne Widerstand empfinden können.

Atmen Sie, während Sie sich offen fühlen. Verletzt und offen. Atmen Sie und öffnen Sie sich. Seien Sie offen für alles, was Sie spüren. Lassen Sie tiefe Offenheit über Ihre Zunge, Ihren Nacken und Ihren Bauch zum Vorschein kommen. Lassen Sie die Offenheit Ihren Körper durchdringen, so wie Sie sich beim Tanzen von der Musik durchdringen lassen würden. Lassen Sie zu, dass Ihr Körper als Offenheit gelebt wird, als Strom tiefer Liebe, der sich von Ihrem Herzen aus über Ihren Bauch, Ihre Hände, Füße und Ihren Mund nach außen öffnet.

Vielleicht vergessen Sie, sich zu öffnen, und fangen an, über Ihre Liebste nachzudenken, die Sie betrogen hat. Automatisch werden Sie Ihren Bauch anspannen, Ihr Gesicht verziehen und sich einen Keks in den Mund stecken. Sobald es Ihnen wieder einfällt, spüren Sie in die Tiefe Ihres Herzens hinein. Öffnen Sie sich, atmen Sie und lassen Sie zu, dass sich das tiefe Gefühl Ihres Herzens über Ihren ganzen Körper nach außen öffnet, auch wenn Sie gerade an Ihrem Keks kauen.

Als Offenheit werden Sie anders kauen. Sie werden anders schlucken. Ihre emotionale Verkrampfung wird sich weich in Offenheit auflösen und von Ihrem Herzen durch Ihre Haut nach außen dringen. Öffnen Sie Ihre Haut, um nach außen in den Raum hineinzuspüren. Spüren Sie von Ihrem Herzen aus, durch Bauch, Zehen, Hände, Zunge und Gesicht, nach außen, als wären Sie der Raum im Raum, und darüber hinaus. Bieten Sie sich als Offenheit für alles und jeden an.

Üben Sie, sich zu öffnen, während Ihre bei Verletzungen aktivierten Gefühlsmuster und Ihre verkrampften Essgewohnheiten versuchen, sich wieder Geltung zu verschaffen.

Wenn Sie an Ihren Essgewohnheiten etwas ändern möchten, dann üben Sie, sich zu öffnen, auch wenn Sie diese Gewohnheiten beibehalten. Lassen Sie spontan, Augenblick für Augenblick, neue Muster aus der Offenheit Ihrer Tiefe auftauchen. Üben Sie ganz diszipliniert, sich zu öffnen, und lassen Sie Ihre Lebensmuster spontan aus der Tiefe auftauchen, als offene Gabe der Liebe für alles und jeden.

Wenn Sie konsequent daran arbeiten, an Tiefe zu gewinnen, werden Ihre oberflächlichen Denk-, Gefühls- und Handlungsmuster durch tiefer gehende, liebevollere, beschenkendere Muster ersetzt werden. Immer wenn Ihnen Ihre Tiefe abhanden kommt, melden sich Ihre alten Gewohnheiten wieder. Selbst in diesem Fall heißt üben nicht, gegen alte Essmuster anzukämpfen, sondern tiefer zu spüren und sich dann *für* diese Tiefe zu öffnen, von Ihrem Herzen aus, durch Ihren ganzen Körper und nach außen zu allem und jedem.

Falls Sie Ihr Leben nicht so leben, wie es Ihrem sehnlichsten Wunsch entspricht, dann vielleicht aus dem Grund, weil Sie sich noch nicht konsequent öffnen und Ihr tiefes Herz noch nicht zu jedem Augenblick durch Ihren Körper zeigen. Üben Sie, zu spüren, sich zu öffnen und die Offenheit zu jedem Augenblick, bei jedem Atemzug nach außen zu geben. Dann entfaltet sich Ihr Leben anmutig und kraftvoll, weil es spontan von dem tiefen Mysterium gestaltet wird, das sich aus Ihrer Tiefe nach außen öffnet.

12
Öffnen Sie sich trotz Ihrer Misserfolge

So sehr Sie sich auch anstrengen,
Ihre potenziellen Gaben sind größer als das,
was Sie derzeit in Ihrem Leben geben.

In der Tiefe sind Sie unendlich. Wenn Sie sich wirklich gestatten, zu spüren, wer Sie in diesem Augenblick sind, werden Sie vergeblich nach dem Horizont, dem Ende suchen. Alles, was Sie im Leben erfahren und tun, ist wie das Kräuseln an der Oberfläche einer grenzenlosen Offenheit, die Sie sind.

Im Herzen können Sie spüren, dass Ihre Tiefe für die Liebe offen ist. Tief im Innern wissen Sie, dass Sie *unermesslich* sind. Wirklich riesengroß und höchst bedeutend – wenigstens sieht es so aus. Doch wenn Sie Ihr Alltagsleben betrachten, entdecken Sie belanglose Genüsse und unbedeutende Dramen.

Sie haben das Gefühl, Ihr Leben könne wahrhaft bedeutsam sein und theoretisch Liebe und großartige Gaben für Sie bereithalten. Aber so läuft es nicht. Sie haben immer das Gefühl, es sei weniger, als es Ihrem Empfinden nach sein könnte. Ihre berufliche Karriere dümpelt so vor sich hin, Ihr Liebesleben ist nicht so, wie es sein könnte, Ihre Liebe kommt nicht von Herzen, und Ihr Geist bringt Ihre Tiefgründigkeit nicht richtig zum Ausdruck. Mag sein, dass Sie mit Ihrem Leben zufrieden sind, aber trotzdem gibt es eine tiefe Liebe, ein tiefes Wissen, die sich im Alltag nicht so richtig durchsetzen können.

Sie können Familienfreuden und köstliche Mahlzeiten genießen, einer interessanten Arbeit nachgehen und großartige Freunde haben. Auch wenn eine ungelebte Tiefe sachte an Ihrer Oberfläche kratzt, muss immer ein Telefonat erledigt werden, gibt es immer ein Kind, das Hilfe braucht oder läuft etwas im Fernsehen. Sie brauchen auf die dürstenden Rufe aus der Tiefe Ihres Herzens nicht zu achten. Es ist bequemer, die Zärtlichkeit zwischen Ihnen und Ihren Lieben oder die Abenteuer Ihres Alltagstrotts zu genießen. Ihre ungelebte Tiefe soll warten.

Schließlich sind Sie ja selbst dann gescheitert, als Sie *versucht* haben, aus Ihrer Tiefe zu leben. Wie bei einem Künstler, der sich bemüht, eine tiefgründige Vision auf eine dünne Leinwand zu bannen, gelingen Ihnen Meisterwerke nur selten. Egal wie sehr Sie sich jeden Tag bemühen – Ihr Beruf, Ihr Sexleben und Ihre spirituelle Dimension reichen im Normalfall nicht an die Liebe und Reinheit heran, die, so wissen Sie, möglich wäre. Statt sich dauernd in Konflikten aufzureiben und zu scheitern, beschließen Sie vielleicht, sich auf Ihren bisherigen Erfolgen auszuruhen: Sie sind einigermaßen gesund, haben keine finanziellen Sorgen, und zu Hause fehlt es nicht an Zuneigung und Fürsorge.

Und doch kommen Sie in ungestörten Momenten ins Grübeln. Ihre Tiefe kennt grenzenlose Liebe, doch es scheint, als würden Sie in Ihren Beziehungen von dünnen Wänden des Argwohns zurückgehalten. Ihre Tiefe hat dieselbe Schwingung wie absolute Wahrheit, doch Ihre Art, sich auszudrücken, wird durch Angst irgendwie im Keim erstickt. Egal wie schön Ihr Leben auch scheinen mag, es ist nicht so spektakulär, wie es die Schönheit Ihres Herzens zum Ausdruck bringen könnte.

So muss es sein, und so ist es immer. Eigentlich ist Ihr Alltagsleben nur ein dünner Streifen Erfahrung, der in der Tiefgründigkeit dessen, wer Sie in der Tiefe sind, kaum zu erkennen ist. Ihre Aktivitäten und Beziehungen erreichen nie die Großartigkeit, die sich aus Ihrem Herzen in die Welt hinein entfalten möchte. Es mag Momente von greifbarer Schönheit geben, kurze Augenblicke, in denen die Herrlichkeit ungehindert durch eine Lücke hindurchstrahlt, aber im Grunde genommen entspricht Ihr Leben nicht Ihren Vorstellungen, und doch versuchen Sie immer wieder, es „hinzubiegen". Das führt zu verkrampftem, bemühtem Verhalten.

Ihr Glück ist größtenteils eine fadenscheinige Lüge. Sie sind tiefer, als Ihr Leben erahnen lässt, und das wissen Sie auch. Sie sind liebevoller, als Ihre Beziehungen es zulassen, brillanter, als Ihre Berufskarriere vermuten lässt. In Ihrer verborgenen Tiefe des Seins sind Sie unendlich, kreativ und grenzenlos – und vollkommen unfähig, Ihre gesamte Herrlichkeit in die Welt hineinzudrücken. Also begnügen Sie sich mit ein bisschen Komfort und beschwichtigen das Gefühl, es fehle Ihnen etwas, indem Sie sich amüsieren und vielleicht auch spirituell geben.

Sie erleben leidvoll, dass die Tiefe unfähig ist, grenzenlose Liebe und Wahrheit – *Ihre* grenzenlose Liebe und Wahrheit – in die Welt zu verströmen. Wenn Sie sich gestatten, dieses Leiden zu spüren, selbst wenn es das Leben gut mit Ihnen meint, dann kann Ihr Herz die Täuschung überwinden und sich über sie hinaus öffnen.

Wenn Sie sich nicht mehr mit Ihrem Verlangen nach Zuneigung und Wohlergehen ablenken lassen, können Sie die Liebe Ihrer Familie und das Abenteuer Ihres Berufs genießen, ohne sich einzureden, es sei genug. Das ist es nämlich nicht.

Nur Tiefe ist genug. Durch wahres Üben können Sie sich offen für die Tiefe fühlen, die Sie sind, statt sich von annehmlichen Umständen besänftigen oder von Nichtigkeiten bedrücken zu lassen. Das Leben ist gut und zugleich unbedeutend, und Tiefe ist in jedem Fall wahr. Sie können sich der Unendlichkeit selbst dann öffnen, wenn Ihre Beziehungen und Handlungen zu wünschen übrig lassen. Wegen eines Misserfolgs zusammenzubrechen – oder sich voller Genugtuung darin zu suhlen – heißt, zu vermeiden, sich der Tiefe zu öffnen.

Sie können sich der Liebe öffnen und als Liebe leben, selbst wenn Sie von den Menschen, die Sie lieben, nicht richtig angenommen werden. Sie können sich der Unendlichkeit öffnen und Ihre tiefste Wahrheit schenken, selbst wenn Ihre Gaben von jenen, denen Sie dienen möchten, zurückgewiesen werden. Sie können selbst dann als Offenheit leben, wenn Ihr Alltag, verglichen mit dem tiefsten Schein Ihres Herzens, glanzlos erscheint.

Sie sind nicht hier, um die Welt zu verändern und Liebe auf der Erde zu schaffen. In Wahrheit sind Sie nicht hier. „Hier“ ist in Ihnen. Sie sind Offenheit. Verweilen Sie als Offenheit, leben Sie als Liebe und erscheinen Sie als Grenzen. Sie haben wirklich keine andere Wahl.

13
Lernen Sie, Unzufriedenheit zu schätzen

Unzufriedenheit erinnert Sie daran,
sich ganz zu öffnen – jetzt – in jedem neuen Augenblick.

Schließen Sie kurz die Augen, entspannen Sie sich und erinnern Sie sich daran, wie es ist, tief und fest zu schlafen. Stellen Sie sich genau jetzt vor, Sie würden tief schlafen. Lassen Sie die Welt für einen Moment los, und verweilen Sie einfach im Schlaf. Versinken Sie mit geschlossenen Augen für einige Minuten im tiefen Glück des Schlafes, ohne jedoch dabei einzuschlafen.

Öffnen Sie dann langsam die Augen, aber spüren Sie weiterhin das Glück des Schlafes. Lassen Sie die Welt um sich herum wieder auftauchen, aber bleiben Sie in Kontakt mit dem tiefen Glück des Schlafes. Sogar jetzt, wo Sie wach sind, können Sie das zutiefst erfüllende, stille Glück des Schlafes tatsächlich spüren. Sie können die Welt ringsum sehen und mit Menschen interagieren, sogar jetzt, während Sie die Gefühlsverbindung mit dem Teil Ihrer selbst aufrechterhalten, der das Glück des Schlafes genießt.

Üben Sie, das Glück des Schlafes jetzt und im Lauf des Tages immer wieder einmal zu spüren. Schließen Sie kurz die Augen oder lassen Sie sie offen, und lassen Sie sich für einen Moment in das Glück des Schlafes fallen. Während Sie das Glück des Schlafes spüren, öffnen Sie die Augen und leben Sie Ihren Tag, offen für die Welt ringsum, und bleiben Sie offen für das immer gegenwärtige Glück des Schlafes.

Sie können sich genau jetzt der Welt ringsum sowie Ihren Gedanken und Emotionen und auch dem stillen Säuseln, der glückseligen, unsichtbaren Fülle des Schlafes, öffnen. Oder sich auf einen Teil dessen, wer Sie sind, beschränken.

Sie können sich beispielsweise auf Ihre Gedanken konzentrieren oder sich in Ihren Emotionen verlieren und damit die Welt um Sie herum nicht mehr wahrnehmen und sich die Zehen anstoßen. Mag sein, dass Sie so vollständig in die Welt hineingezogen werden – indem Sie von einer Arbeit zur anderen hetzen –, dass Sie die Verbindung zum immer gegenwärtigen Glück des Schlafes verlieren und sich dadurch tiefen Friedens beraubt fühlen. Sie können auch einschlafen und Ihre Gedanken und die Welt um Sie herum überhaupt nicht mehr wahrnehmen, während das Wasser auf dem Herd kocht und Sie einen Termin verpassen.

Sie können sich jederzeit auf einen einzigen Teil des offenen Augenblicks beschränken, der Ihnen zur Verfügung steht, oder üben, sich mit weniger Vorbehalten zu öffnen und alles und jeden zu spüren. Jetzt und zu jedem anderen Zeitpunkt können Sie sich öffnen und Ihre sicht- und hörbare Außenwelt, Ihre Innenwelt der Gedanken und Emotionen und auch die tiefe grenzenlose Fülle des immer gegenwärtigen Glücks des Schlafes spüren. Sie können spüren, dass Sie für den ganzen Augenblick offen sind, und sich dann dem Gefühl selbst öffnen, indem Sie sich *ohne* jegliche Vorbehalte offen fühlen, auch wenn das Alltagsleben weitergeht.

Üben Sie, sich einige Augenblicke lang ganz offen zu entspannen und dabei alles und jeden zu spüren. Spüren Sie das Glück des Schlafes genau jetzt, und spinnen Sie auch Ihre Gedanken weiter, während Ihre Augen für das Tageslicht offen sind. Während Sie üben, sich zu öffnen – das heißt, aus unsichtbarer Tiefe durch die Innenwelt ans lebendige Licht, Ihren Tag, zu spüren –, halten Sie nicht mehr so sehr an dem fest, „wer Sie sind". Sie sind eine Person, die sich den ganzen Tag lang durch ihre Welt bewegt, aber Sie sind auch eine Person in Ihren Tag- und Nachtträumen und ebenso sind Sie die körperlose Glückseligkeit des Tiefschlafs.

Sie sind Offenheit und genießen die ungestörte Tiefe des Glücks, das der Schlaf Ihnen schenkt, und die alltäglichen Abenteuer des Innen- und Außenlebens. Und genau jetzt können Sie sich für Ihre gesamte Person öffnen, von glückseliger Tiefe bis zur aufgewühlten Oberfläche.

Sie sind immer dann unglücklich, wenn Sie meinen, Sie seien auf die Oberfläche, auf das tägliche Abenteuer beschränkt. Sie fühlen sich unvollständig. Sie können tiefe Offenheit erahnen – voller Liebe und Licht, gänzlich frei von Zwängen –, aber es scheint, als könnten Sie sie nicht finden und ihr in Ihrem Leben keinen festen Platz einräumen.

Also streben Sie in Ihren Beziehungen tiefere Liebe und in Ihrer Lebensweise mehr Freiheit an, aber Sie erreichen niemals die offene Fülle, die, wie Sie insgeheim wissen, Ihr wahres Zuhause ist. Sie versuchen, sich und die Welt hinzubiegen, damit Sie nicht mehr so viel leiden müssen, aber Sie stehen ständig unter Stress, weil Sie auf mehr Erfolg oder Liebe hoffen.

Sie können weder sich noch die Welt zurechtbiegen, um Offenheit zu erleben, sondern sich nur jederzeit einfach offen fühlen.

Alles auf dieser Welt vergeht. Keine Ordnung hat Bestand. Ihr extravagantes Auto bekommt irgendwann Kratzer, Ihr Körper wird krank, Ihr Liebster wird Sie betrügen oder sich aus dem Staub machen. Unzufriedenheit ist gut für Sie; Sie sind empfänglich für die Wahrheit – Sie leiden, da sich die Dinge verändern und entschwinden.

Die tiefere Wahrheit ist, dass Sie als grenzenlose Liebesfülle lebendig sind, so tief wie der Schlaf, so ausgedehnt wie der Wachzustand. Fühlen Sie sich im Fluss der Geschehnisse mit all Ihrer Tiefe für diesen ganzen Augenblick offen, so wie er ist.

Entspannen und öffnen Sie Ihren Bauch. Lockern Sie Ihren Geist. Fühlen Sie sich dort offen, wo das Glück des Schlafes wohnt. Spüren Sie, wie Ihre Gedanken und Emotionen und Wahrnehmungen zu voller Blüte gelangen und wieder vergehen. Atmen Sie die Offenheit des Augenblicks in Ihr Herz ein und wieder aus, als würden Sie die wechselnden Farben des Tages einatmen, das Licht eines Traumes ein- und ausatmen, das Glück des Tiefschlafs einatmen, ein und aus, die Liebe ein- und ausatmen, die als jedermann lebt, während Sie aufschmelzen und alles und jeden spüren.

Heißen Sie die Unzufriedenheit als Erinnerungsstütze willkommen, und üben Sie, sich für diesen ganzen Augenblick offen zu fühlen. Öffnen Sie sich jetzt und immerdar, damit Ihre Handlungen als Liebe erblühen können.

14
Warten Sie nicht auf Perfektion

Sie können ganz offen und zugleich krank sein.

Egal wie krank Sie körperlich oder geistig sind, Sie können sich immer noch öffnen. Eine Krankheit mag Ihren Körper zerstören und Drogen mögen Ihren Geist benebeln, aber Sie können sich trotzdem öffnen. Tiefe Offenheit kann es mit *allen* körperlichen und geistigen Zuständen aufnehmen.

Physische und psychische Störungen ändern nicht unbedingt etwas an Ihrer Offenheit, und umgekehrt hat Ihre Offenheit vermutlich keinen Einfluss auf Ihre Krankheitssymptome. Wenn Sie von Ihren Eltern Kurzsichtigkeit geerbt haben, dann wird spirituelle Offenheit wahrscheinlich nichts daran ändern, dass Sie eine Brille tragen müssen. Wenn sich Ihr Geist an Panikreaktionen gewöhnt hat, weil Sie in Ihrer Kindheit jahrelang missbraucht wurden, dann wird spirituelle Offenheit wahrscheinlich nichts daran ändern, dass Sie beim Anblick der Genitalien Ihres Geliebten zusammenzucken.

Doch Sie können ein kurzsichtiger Neurotiker und trotzdem mit der Freiheit grenzenloser Liebe offen sein. Sie mögen blinzeln und Übelkeit verspüren, wenn sich Ihr Geliebter entkleidet, aber eine humorvolle Reaktion kann Ihnen darüber hinweghelfen. Wie ein Muskelzucken oder eine triefende Nase sind Ihre Gefühlsreaktionen natürliche Folgen Ihrer Geschichte – vermutlich sind sie Ihnen lästig, weil Sie darauf überhaupt keinen Einfluss haben. Dennoch können Sie Ihre Liebe, Ihr Lachen und Ihre Offenheit selbst dann schenken, wenn Sie die Nase hochziehen, in Panik geraten oder entsetzt aufschreien.

Genau jetzt, in der Einzigartigkeit Ihres Körpers und Geistes, können Sie üben, sich richtig zu öffnen.

Selbst wenn Sie sich öffnen, lachen und lieben, haben Ihre körperlichen und geistigen Muster ihre eigene Dynamik. Auch viele sehr offene Männer und Frauen haben eine Veranlagung zu Herzerkrankungen, Krebs, ja sogar zu Alkoholismus. In den Biografien von Heiligen und spirituellen Lehrern stößt man auf alle möglichen sexuellen Vorlieben und Neigungen. Ihre Offenheit kann real und tiefgründig sein, und trotzdem schlägt Ihr Körper-Geist weiterhin Wellen, indem er sich abhängig von früheren Einflüssen und derzeitigen Angewohnheiten strukturiert.

Wenn Ihre Mutter früher zu viel Alkohol getrunken hat oder während der Schwangerschaft ständig emotionalen Belastungen ausgesetzt war, dann wird Ihr Nervensystem zum Teil von den chemischen Substanzen geformt, die im Embryostadium durch Sie hindurchflossen, und Sie können im Moment nicht viel dagegen tun. Aufgrund dessen, was Ihre Mutter getan hat, sind Sie körperlich vielleicht etwas zurückgeblieben, geistig nicht der Hellste und Ihr Gefühlshaushalt ist instabil. Dies sind einfach nur einige der Muster, die Sie vielleicht spüren und für die Sie sich Moment für Moment zu öffnen lernen.

Hat Ihr Vater Sie sexuell belästigt, dann reagieren Sie heute als Erwachsene womöglich gefühllos auf die Annäherungsversuche Ihres Geliebten. Vielleicht ziehen Sie den Brustkorb ein und Ihr Becken ist blockiert. Die Strukturierung Ihres Körper-Geistes ist vorgegeben. Sie können sie bis zu einem gewissen Grad verändern, sich ihr aber so, wie sie ist, immer öffnen, sogar jetzt. Öffnen Sie sich jetzt, indem Sie das Geschenk Ihres Herzens anbieten, und tun Sie Ihr Bestes, um mit den derzeitigen Mustern Ihrer früheren Geschichte ein rechtes Leben zu führen.

Haben Sie schon einmal etwas getan, das Sie am liebsten anders gemacht hätten? Wenn ja, dann können Sie aus Ihren Fehlern lernen und versuchen, es beim nächsten Mal besser zu machen. Wenn die Muster Ihres Körper-Geistes Ihnen oder anderen Menschen übermäßiges Leid verursachen, können Sie etwas tun, um sie zu transformieren, sie – soweit möglich – zu heilen, damit Sie wirklich zu einem ausgeglichenen, ganzheitlichen und gesunden Menschen heranwachsen.

Aber dieses Wachstum ist nicht dasselbe wie spirituelle Offenheit und Tiefe. Ein ausgeglichener, gesunder Mensch mag positive

Veränderungen in der Welt bewirken und dennoch nicht bereit sein, sich ganz zu öffnen und ganz zu spüren. Andererseits kann jemand ganz offen sein und alles und jeden spüren, aber als rabiater Irrer, Lüstling und Drogenabhängiger auftreten. So ein Mensch mag tatsächlich verrückt, lüstern und drogenabhängig sein – und doch so tief offen, dass sein Herz mehr fühlt, als Sie wissen können, und seine Liebe sich grenzenlos bis zu Ihnen ausdehnt.

Egal wie weit Sie sich öffnen und wie sehr Sie als Liebe leben, an Ihrem Charakter lässt sich nur wenig verändern. Die vorgeburtlichen Einflüsse sind in Ihr Nervensystem eingeprägt wie Jahresringe in einem Baum. Belastende Situationen aus der Kindheit geistern immer noch durch die Chemie Ihres Gehirns und Ihrer Gefühle. Selbst die evolutionären Kämpfe Ihrer behaarten Säugervorfahren spielen bei Ihrem so genannten „spontanen" Bedürfnis nach Sex, Nahrung und Komfort eine Rolle.

Sie werden von einem riesigen, geheimnisvollen Netz von Einflüssen geboren, darin aufgezogen und wieder auseinandergenommen. Ein Stein, der Ihnen bei einem Erdbeben auf den Kopf fällt, kann Ihre Bemühungen, gesund und hilfsbereit zu sein, zunichtemachen – oder ein Herzversagen, für das Sie die Veranlagung von Ihrem Urgroßvater mütterlicherseits geerbt haben. Sie wollen vielleicht wirklich etwas für die Freundin Ihrer 16-jährigen Tochter tun, werden aber Ihr aufkeimendes sexuelles Begehren beziehungsweise Ihr schlechtes Gewissen anscheinend nicht los.

Es lohnt sich durchaus, Integrität ein Leben lang zu pflegen. Anderen zu dienen, ist wirklich die einzige Art, um die Wahrheit Ihres Herzens zu leben. Aber Sie werden dadurch nicht geheilt.

Sie mögen weiterhin einen krummen Rücken haben und wirr im Kopf sein. Doch die Liebe kann sich über Ihre Defizite zeigen. Jeder Mensch hat seine eigenen unvergleichlichen Probleme, aber man kann diese Probleme identifizieren und ist ihnen dann nicht mehr sklavisch ausgeliefert. Arthritische Finger und alkoholgetränkte Gehirnzellen können großartige Geschenke der Offenheit, der Liebe und des Erwachens machen – und *haben* diese bereits gemacht.

Selbst wenn immer wieder Wollust, Gier und Wut in Ihren emotionalen Mustern auftauchen, die durch den jahrelangen Kampf von

Säugern, durch elterlichen Missbrauch oder Selbstquälerei entstanden sind: Sie können üben, sich grenzenlos zu öffnen. Sie können üben, sich zu öffnen und Ihre tiefsten Gaben in jedem gegenwärtigen Augenblick darzubieten, egal wie verkorkst Ihr Körper und Geist – und die Welt – bleiben.

Spüren Sie in diesem Augenblick so viel Liebe, wie Sie können, egal wie wenig es ist. Selbst wenn Sie völlig benebelt oder heißhungrig vor lauter sexueller Gier sind, suchen Sie tief in Ihrem Herzen nach einem Körnchen Offenheit. Spüren Sie den Ort in sich, der Liebe geben und ganz in Liebe angenommen werden möchte, egal wie durcheinander Sie sind. Lokalisieren Sie Ihr Verlangen nach Liebe, nach Offenheit, nach Freiheit, auch wenn es winzig klein ist. Verbinden Sie sich trotz Ihrer alkoholbedingten Benommenheit oder Ihres rasenden Zorns wieder mit diesem Fleckchen Offenheit.

Atmen Sie durch diesen winzigen Kern Liebe ein und aus, während Sie Ihre Sinne öffnen und die Menschen und Ihre Umgebung spüren. Auch wenn Sie sich nur ein bisschen öffnen, um durch Ihr Herz zu atmen und die Menschen und die Welt um Sie herum zu spüren: dies zeugt von mehr Offenheit, als verschlossen zu bleiben.

Üben Sie, sich ein kleines bisschen zu öffnen, während Ihr Körper und Geist sich weiterhin gefühllos und verwirrt im Kreis drehen. Atmen Sie in den Gefühlsraum Ihres Herzens Liebe ein und aus. Atmen Sie die Kraft der Liebe tief in Ihren Unterleib hinein, und öffnen Sie so die Schlösser in Ihrem Bauch, indem Sie richtig einatmen und ihn richtig prall auffüllen. Spüren Sie das Herz der Menschen in Ihrer Umgebung, sehen Sie ihnen in die Augen, öffnen Sie Ihre Sinne für das ganze Spektrum der Welt, und schenken Sie Ihre Liebe aus vollem Bauch, Stück um Stück, durch Ihre Neigungen, in jedem Augenblick, in dem Sie daran denken, sich zu öffnen.

Auch wenn Sie undeutlich sprechen, schenken Sie Worte der Liebe. Schenken Sie Offenheit durch Ihre zitternden Hände, durch Ihr Dienen. Spüren Sie, wie die Herzen der Menschen um Sie herum sich als Reaktion auf Ihre Gaben öffnen oder verschließen. Wie verschwommen und getrübt Ihre Wahrnehmung auch sein mag – üben Sie, die Herzen der Menschen in Ihrer Umgebung zu spüren, und tun Sie etwas, um sie zu öffnen. Warten Sie nicht auf Perfektion – oder gar darauf, ein normaler Mensch zu werden –, um Ihre tiefste Liebe aus vollem Bauch und mit offenem Herzen zu schenken.

Schenken Sie Ihre Gaben genau jetzt mit der größten Integrität, die Ihnen möglich ist, trotz aller Macken, die Sie weiterhin haben mögen, und spüren und atmen Sie dabei die Herzen anderer Menschen, wenn Sie handeln. Tun Sie Ihr Bestes, um sich selbst und andere zu heilen, und vergessen Sie dabei nicht, dass sich an Gewohnheiten und der Geschichte sehr wenig ändern lässt. Dennoch kommt und geht dieser gegenwärtige Augenblick, und wenn Sie offen sind, können Sie ihn genau so akzeptieren, wie er ist.

15
TUN SIE LIEBE DURCH IHREN KÖRPER

Zu spüren, wer Sie sind, ist der erste Schritt; getreu Ihrer Identität zu leben, ist der nächste.

Ihre Identität ist Ihr Gefühl dafür, wer Sie sind. Wenn Sie das Gefühl haben, ein Firmenchef zu sein, werden Sie ganz anders handeln, als wenn Sie das Gefühl haben, ein unendliches Licht zu sein. Ihre Identität ist, *als wer* Sie sich fühlen. Zu spirituellem Wachstum gehört, Ihre Identität zu vertiefen, indem Sie in der Tiefe spüren, wer Sie sind.

Aber nachdem Sie eine bestimmte Tiefe entdeckt haben, müssen Sie Ihre Gedanken, Emotionen und Verhaltensweisen an diese Tiefe der Offenheit angleichen – sonst entspricht Ihr gelebtes Leben nicht Ihrer wahren Identität. Angenommen, Sie erkennen, dass Sie im Grunde Liebe sind. Sie erkennen, dass Sie, auch wenn Sie als Mutter, Politikerin oder Bäcker tätig sind, in der Tiefe eigentlich Liebe *sind*.

Diese Erkenntnis ist schon die Hälfte Ihrer spirituellen Praxis. Die andere Hälfte besteht darin, getreu Ihrer soeben erkannten Identität zu leben, *trotz alter Gewohnheiten, die damit unvereinbar sind*. Sie können jetzt üben, Liebe zu *tun*. Wie können Sie beim Gehen Ihre alten gewohnheitsmäßigen Verspannungen loslassen und sich als Ausdruck jener Liebe bewegen, die Sie, wie Sie tief im Innern spüren, sind? Wie können Sie im Beruf als die Liebe arbeiten, die Sie wahrhaftig sind? Was müssen Sie an Ihren Alltagsritualen ändern, damit die Liebe durch jeden Atemzug, jede Handlung und jede Ihrer Beziehungen strahlt?

Den meisten Menschen fällt es viel leichter, in Bezug auf ihre Identität mehr Tiefgründigkeit zu erlangen („Wer bin ich?"), als diese Tiefe durch ihren Alltag zum Ausdruck zu bringen. Sie erkennen beispielsweise, dass sie Liebe sind, und plaudern trotzdem stundenlang oder sehen fern. Sie rechtfertigen sich damit, dass sie denken, sie könnten Liebe sein, während sie faul herumliegen – und das stimmt sogar. Aber wenn sie wirklich sensibel und ehrlich zu sich wären, würden sie spüren, dass bestimmte Verhaltensweisen die Liebe besser vermitteln als andere. Wenn Sie mit entspannter Kehle singen, kommt die Liebe besser zum Ausdruck, als wenn Sie mit verkrampfter Kehle singen, obwohl Sie lieben und zugleich auch verkrampft sein können. Sie können mit einem harten oder einem weichen Bauch Liebe machen, aber durch einen weichen Bauch strömt die Liebe besser.

„Nehme ich die Liebe anderer Menschen ganz in mich auf? Strömt die ganze Liebe durch mich nach außen zu den anderen?" Sie lernen, den Fluss der Liebe als Rückmeldung zu spüren. Bisher sind Sie mit einem Lachen und einer höhnischen Bemerkung über andere hergezogen. Jetzt, wo Sie sich tiefer geöffnet haben, können Sie spüren, dass derart böswillige Worte unmerklich dazu führen, dass Sie sich verspannen und verschließen – Sie und die Freunde, mit denen Sie sich unterhalten. Also üben Sie sich darin, so aufrichtig zu leben, dass es der Tiefe der Liebe, die Sie sind, eher entspricht. Dies könnte in diesem Fall heißen, dass Sie nicht mehr so oft über andere herziehen, damit die Liebe freier durch Sie und Ihre Freunde strömt.

Sie können darauf achten, wie sich Ihre Ernährung auf Ihre eigene Offenheit und die der anderen auswirkt. Als wahrhaftiger Mensch können Sie für die Liebe offen sein und alles essen. Dennoch führen bestimmte Speisen dazu, dass Ihr Körper, Ihre Emotionen und Ihr Geist sich unmerklich verschließen und Sie sich irgendwann auch in Beziehungen verschließen.

Liebe – oder Offenheit – ist. Sie können üben, sich zu öffnen, so wie Sie gerade sind. Je mehr es Ihnen gelingt, Offenheit zu *sein*, desto besser lernen Sie, Offenheit zu *tun*. Ihr Körper, Ihr Geist und Ihr Tun – ob in Träumen oder im Wachzustand – können mehr oder weniger getreu der Liebe-Offenheit leben, aus der sie entspringen.

Alles, was sich in irgendeinem Augenblick zeigt, auch gerade jetzt – Ihre Gedanken, das Zimmer, andere Menschen –, ist genau der Rahmen, in dem sich die Liebe zeigen kann. Sie haben nicht besonders viel Kontrolle über das, *was* sich zeigt, aber Sie können getreu Ihrer bereits erkannten Tiefe üben – oder auch nicht. Sie können wählen, ob Sie die Welt und alle anderen mit der tiefsten Liebe oder Offenheit, für die Sie sich öffnen können, beschenken wollen. Sie können üben, als Offenheit zu denken, als Offenheit zu handeln, als Offenheit zu atmen – jetzt und in jedem beliebigen Augenblick. Sie können bei jeder Beziehung die Beschaffenheit jedes Augenblicks spüren und so handeln, dass Ihre Worte, Ihre Berührungen und Ihr Blick stimmig sind, damit sich die Offenheit der Liebe durchsetzt.

Sie können üben, als die tiefste Offenheit zu leben, die Sie, wie Sie wissen, sind. Ein Feind dieser Übung ist die Trägheit, die irrige Meinung, es genüge, zu *wissen*, dass Sie Liebe sind. Es ist ziemlich leicht, die tiefe Offenheit, die Sie sind, zu erkennen oder zu spüren; die eigentliche Kunst besteht aber darin, als diese Offenheit zu *leben* und allen anderen dabei zu helfen, in jedem Augenblick durch alle äußeren Erscheinungsformen hindurch als diese Liebe zu leben.

Wenn Sie Ihre Tiefe erkannt haben, vergeht gewöhnlich recht viel Zeit, bis Sie fähig sind, sie auch zu leben. Ihre Emotionen, Ihre Sexualität und Ihre Beziehungen sind meistens nicht so offen wie der Mensch, der Sie – das spüren Sie – in der Tiefe sind. Wer eine wahre Kunst ausüben will, der muss üben.

Jahrelanges spontanes Schenken und rigoroses Üben sind die Voraussetzungen, wenn Sie als künstlerischer Ausdruck von Offenheit leben wollen – dann bringen sogar Ihr Tonfall, die Anmut Ihrer Gebärden und Ihr Liebesspiel die Liebe, die Sie sind, richtig zum Ausdruck.

Wenn es Ihnen genügt, die Wahrheit zu *kennen*, dann üben Sie sich in der Kunst der Philosophie. Sind Sie erst dann zufrieden, wenn Sie die Wahrheit *leben*, dann üben Sie sich geistig, emotional und körperlich in der Kunst der Liebe. Tun Sie Ihr Bestes, um Liebe ein- und auszuatmen.

Nehmen Sie die Präsenz des gesamten Augenblicks tief in sich *auf* – in Ihr Herz, Ihren Bauch, Ihre Lenden –, so wie eine Geliebte sich tief und vertrauensvoll öffnen würde, um ihren Liebsten aufzunehmen. *Schenken* Sie Ihre tiefste Liebe, indem Sie sie in die Offenheit des Augenblicks hineinpressen, ohne irgendetwas zurückzuhalten, so wie ein Geliebter seine Liebe sanft und tief in seine vertrauensvolle Liebste, die sich ihm anvertraut, hineinpressen würde. Entspannen Sie Ihren Bauch in Zuneigung. Sprechen Sie so, dass Ihre Zuhörer sich öffnen. Bereiten Sie Speisen so zu und richten Sie Ihr Haus so ein, dass sie zu strahlenden, bezaubernden, faszinierenden Gaben der Liebe werden.

Üben Sie sich in der Kunst, Liebe durch jedes beliebige Medium zu *tun*, das sich anbietet – selbst in Ihren Nachtträumen, Ihren Tagträumen und den unbeobachteten Augenblicken Ihrer Privatsphäre. Wenn Sie merken, dass Ihr Geist sich in sexuellen Fantasien verliert, lenken Sie die Bilder bewusst auf die Fülle der Liebe, damit alle Personen in dieser Fantasie mit Ihren von Herzen kommenden sexuellen Gaben beschenkt und für die grenzenlose Ekstase der Liebe offen werden.

Wenn Sie sich einsam fühlen und sich nachts über den Kühlschrank hermachen, dann saugen Sie die Fülle des Augenblicks mit jedem Schluck tief in Ihr Herz ein, und lassen Sie die Freude über jeden Bissen nach außen strahlen, indem Sie Ihr heimliches Vergnügen als Gabe einatmen, die Sie großzügig und von Herzen durch Ihren ganzen Körper an alles und jeden weitergeben.

Auf diese Weise öffnet sich jeder Ort, der kommt und geht, ebenfalls für Liebe, die rückhaltlos dargeboten wird.

16
Betrachten Sie Ihren Neid als Signal

Neid zeigt Ihnen, wo Sie irrtümlich auf Erfüllung hoffen.

Wenn Sie meinen, Geld würde Sie glücklich machen, dann werden Sie auf wohlhabende Menschen neidisch sein. Wenn Sie meinen, Sex würde Ihnen Erfüllung schenken, dann werden Sie auf leidenschaftliche Liebespaare neidisch sein. Immer wenn Sie glauben, dass etwas oder jemand, irgendeine Einsicht oder Erfahrung, Sie wahrhaft glücklich machen würde, täuschen Sie sich. Nur wenn man sich als der öffnet, der man *ist*, erfährt man wahres Glück. Wenn Sie das vergessen, plagt Sie der Neid.

Neid ist der Stachel falscher Hoffnung. Auch wenn Sie das, was Sie anderen neiden, bekommen – eine gut aussehende Freundin, Ruhm, einen Mann, der Sie wirklich liebt, großen Erfolg –, ändert sich nichts Wesentliches. Sie sind offen oder verschlossen, verschiedene Erfahrungen kommen und gehen; alles, was Sie besitzen, ist von Verlust bedroht, und nichts schenkt Ihnen so große Erfüllung, wie Ihr Neid verspricht.

Viele Menschen besitzen weniger als Sie. Sie sind neidisch auf Sie. Wären diese Menschen an Ihrer Stelle, wie glücklich wären sie dann genau jetzt?

Glück ist tiefe Offenheit. Einzig und allein Offenheit – weder Geld, Wissen noch eine Beziehung – vermehrt oder verringert Ihr Glück wirklich. Das ist leicht verständlich. Dennoch sind Sie wahrscheinlich auf gewisse Menschen neidisch. Sie wollen das haben, was diese Menschen haben.

Dieser Neid ist ein gutes Zeichen. Spüren Sie ihn richtig. Ein Teil von Ihnen hasst die anderen Menschen, weil sie etwas haben, das Ihnen fehlt.

Ein Teil von Ihnen rechtfertigt sich, Sie seien ohne diese Dinge besser dran. Ein anderer Teil von Ihnen fühlt sich minderwertig, weil er diese Dinge nicht besitzt. Wieder ein Teil von Ihnen versucht, sich überlegen zu fühlen, indem er diese Dinge nicht braucht.

Dieses komplexe Neidknäuel ist ein Hinweis darauf, dass Sie nicht offen und entspannt sind. Wenn Sie auf jemanden neidisch sind, der anscheinend eine gute Beziehung führt, dann lehnen Sie es ab, sich für die Beziehung, die Sie tatsächlich haben (oder nicht), ganz zu öffnen. Sie erhoffen sich immer noch etwas mehr. Sie verlangen immer wieder, die Beziehung solle sich ändern, bevor Sie bereit sind, sich weit geöffnet der Liebe zu ergeben.

Genau dieses Warten, so als hielte die Zukunft für Sie vielleicht etwas noch Erfüllenderes als diesen Augenblick bereit, ist der Kern quälenden Neids. Ihr Herz und Ihr Körper verkrampfen sich vor Stress, wenn Sie sich weigern, sich jetzt zu öffnen. Neid ist ein Hinweis darauf, dass Sie in Warteposition sind.

Angenommen, Sie sind neidisch, weil Ihr Freund fünf Millionen Dollar auf der Bank hat. Spüren Sie Ihren Neid genau. Ist er heiß oder kalt? Rot oder schwarz? Stechend oder dumpf? Spüren Sie Ihren Neid im Bauch oder im Herzen? Spüren Sie jede Empfindung, und spüren Sie auch, welche emotionalen Wurzeln Ihre Empfindungen haben.

Die Ursache für den Knoten in Ihrem Unterleib ist wahrscheinlich Ihr Gefühl, unzulänglich zu sein. Sie warten auf ein zukünftiges Ereignis – mehr Geld haben –, damit Sie sich sicher genug fühlen, um sich zu öffnen. Sie sind in Warteposition und weigern sich absichtlich, sich genau jetzt für grenzenloses Bewusstsein und Liebe zu öffnen. Sie glauben, wenn Sie nur hätten, was Ihr Freund hat – mehr Geld –, *dann* würde dieser Moment genügen und Sie könnten sich entspannt öffnen.

Die Wahrheit ist, dass Sie sich für jeden Augenblick öffnen können, egal wie schmerzhaft oder angenehm er ist. Sie sind jetzt für den ganzen Augenblick offen oder verschließen sich zu einem gewissen Grad – Sie sind nicht bereit, *alles und jeden* mit Gefühl tief in Ihr Herz einzuatmen und weit offen für die Unendlichkeit *alles* zu schenken. Und deshalb verspannen Sie sich, weil Sie auf Erfüllung oder Erlösung in der Zukunft warten.

Vielleicht müssen Sie in die Fußstapfen Ihres Freundes treten, sich wie er mit Reichtümern umgeben und dadurch Entlastung finden. Und trotz aller Besitztümer wird sich ganz zwangsläufig zeigen: Es fehlt noch immer etwas. Sie sind immer noch auf jemanden oder etwas neidisch. Und Sie warten immer noch.

Da Sie nicht bereit sind, sich so zu öffnen, wie Sie gerade sind, erinnert Sie der Neid daran, dass Sie auf etwas warten. Auch wenn Sie nach diesem Etwas so lange weitersuchen, bis Sie die Suche aufgeben, bis Ihr Leben Ihnen sinnlos erscheint, bis Sie zahllose Versuche hinter sich haben – das, was Sie besitzen oder nicht besitzen, füllt Sie immer noch nicht aus.

Sobald Sie dazu bereit sind, ist der jetzige Augenblick ausreichend. Sie können sich genau jetzt tief öffnen. Ihre Erleichterung, Ihre Erfüllung zu jedem Moment ist genauso grenzenlos wie Ihre Offenheit.

Schmoren Sie ungetröstet in den Qualen des Neids, wenn Sie neidisch sind. Seien Sie richtig neidisch, ohne sich zu verschließen. Öffnen Sie sich so weit wie möglich, auch wenn Sie sich dabei vor Neid winden. Atmen Sie den ganzen Augenblick in Ihr neidisches Herz ein und wieder aus. Lassen Sie die Gegenwart des Augenblicks bis tief in Ihr Herz dringen, und gestatten Sie Ihrem Herzen, grenzenlos Liebe nach außen zu geben, indem Sie über alles hinausfühlen, was Sie empfinden oder wissen. Öffnen Sie sich weit für den Neid, sehen Sie Ihrem Freund in die Augen und erkennen Sie, dass seine Offenheit dieselbe Offenheit ist, die Sie sind.

In Ihrem Leben gibt es immer wieder Gewinne und Verluste, Freuden und Schmerzen. In jedem gegenwärtigen Augenblick öffnen oder verschließen Sie sich. Entweder spüren Sie alles und jeden, während Sie Ihre tiefsten Gaben der Liebe schenken, oder Sie befinden sich in Warteposition.

Der Neid erinnert Sie immer wieder daran, dass Sie auf etwas warten.

17
Bringen Sie Ihr wahres Selbst zum Ausdruck

Jeder Wunsch offenbart Ihre wahre Natur.

Jeden Tag wollen Sie viele Dinge tun: Ihren Liebsten umarmen, Geld verdienen ... Warum? Welches Gefühl liegt all Ihren Hoffnungen und Träumen zugrunde? Dieses Gefühl ist die Spannung zwischen dem, der Sie *wirklich* sind, und dem, der Sie *meinen* zu sein.

Zum Beispiel Ihr Wunsch nach einer intimen Beziehung: Es gibt viele Gründe, sich auf eine Beziehung einzulassen. Aber Sie fühlen sich in der Intimität nur dann vollkommen erfüllt, wenn Sie und Ihr Liebster einander so sehr vertrauen, dass Sie beide bereit sind, Ihre Schutzwälle einzureißen, Ihre Herzen zu öffnen und zu lieben. Dies ist Ihr sehnlichster Wunsch in Bezug auf Nähe, denn in Wahrheit *sind* Sie offen für die Liebe – aber Sie meinen, Sie seien ein einzelnes, isoliertes Individuum. Deshalb planen und träumen Sie, um in Ihrer Beziehung etwas zu erleben, das Sie in Wahrheit bereits sind.

Sie wünschen sich finanzielle Sicherheit, weil Sie in Wahrheit Überfluss *sind*, obwohl Sie meinen, nur Anstrengung würde Ihnen ein Gefühl von Sorglosigkeit bescheren. Sie üben gern gefährliche Sportarten aus, weil Sie dem Tod dort immer sehr nah *sind* – auf Messers Schneide zwischen Gewinnen und Verlieren –, und dennoch lässt Ihre vermeintliche Sicherheit Sie nach Risiken suchen. Sie wollen Schokolade essen, weil Sie tief im Herzen glückselige Fülle *sind*, auch wenn Sie sich dem Vergnügen, das die Schokolade bietet, oft verschließen und deshalb nach ihrem Geschmack suchen.

Im Alltagstrott versuchen Sie, der Wahrheit, wer Sie *sind* – zu dem Sie den Kontakt verloren haben –, näher zu kommen. Dieses Drama der Annäherung ist Ihre Lebensgeschichte. Sie sind niemals ganz so erfolgreich, wie Sie hoffen. Sie bekommen niemals genau die Liebe, die Sie sich wirklich wünschen. Und deshalb strengen Sie sich entweder mehr an oder geben auf. In beiden Fällen haben Sie den Sinn des Daseins nicht begriffen.

Das Einzige, das Sie von der Belastung befreit, sich unvollständig zu fühlen, ist, offen zum Ausdruck zu bringen, wer Sie wirklich sind. In Wahrheit *sind* Sie, was Sie sich wünschen.

Je weiter Sie sich von dem entfernen, der Sie wirklich sind, desto mehr sehnen Sie sich nach den Eigenschaften, die Ihnen fehlen. Da Sie die Liebe, die Sie lebt, nicht spüren können, erwarten Sie von Ihrem Liebespartner, Ihrer Liebsten, er/sie solle für Sie sorgen. Da Sie von Ihrem Zuhause grenzenloser Offenheit getrennt sind, versuchen Sie, Ihren Einflussbereich, Ihr Portfolio und die Grenzen Ihres Landes zu erweitern. Da Sie sich nach der Freiheit natürlicher Unbeschwertheit sehnen, versuchen Sie, den Stress durch Masturbieren, Gespräche und heimliche Angewohnheiten zu reduzieren, die Ihnen Freiheit schenken. Sie vermissen die Einfachheit des Seins und suchen sie deshalb in einem wärmenden Schuss Heroin, einem weichen Bett oder einer rituellen Tasse Kaffee.

Manchmal ärgern Sie sich über Ihr äußeres Erscheinungsbild und versuchen, das Strahlen, das Sie in Wahrheit sind, zu finden. Sie sind ständig dabei, zu überlegen, und erzeugen damit ein Spiegelbild Ihrer eigenen Präsenz. Doch in Wahrheit *sind* Sie völlige Präsenz, ganz gleich, ob Sie sich durch Denken spiegeln oder nicht.

Sobald Sie dazu bereit sind, brauchen Sie nicht mehr nach dem zu suchen, was Sie nicht an sich heranlassen, sondern können endlich der werden, der Sie in Wahrheit sind. Es ist Furcht erregend, sich völlig zu ergeben, um der zu sein, der Sie sind – Ihr Selbstbild löst sich sofort in Luft auf. Und doch ist dies die einzig wahre Art zu leben. Sonst konstruieren Sie in jedem Augenblick, in dem Sie nicht begreifen, wer Sie wirklich sind, ein Selbstbild, das einfach nicht echt ist. Sie merken, dass Ihnen etwas fehlt. Diese belastende Unzulänglichkeit kann sich so heftig aufschaukeln, dass Ihre Wünsche entstellt werden. Und irgendwann werden Sie dann ziemlich verschroben.

Da Sie sich so sehr nach der Tiefe sehnen, die Ihnen fehlt, lassen Sie sich vielleicht zu einem Verbrechen, zu Lügen oder zur Selbstmisshandlung hinreißen und terrorisieren andere – oder Sie sitzen nur vor dem Fernseher und futtern Süßigkeiten. Egal wie extrem oder gemäßigt Ihre sinnlosen Bemühungen sind, Sie können sich immer für Ihren Ursprung öffnen. Beim Stehlen beispielsweise können Sie sich der Fülle der Lebenskraft öffnen, die Sie *sind*. Wie werden Sie als überschäumende Fülle handeln? Wenn Sie sich öffnen, kann sich der Knoten Ihrer Gefühle lösen.

In Ihren schlimmsten Momenten, wenn Sie besonders aufgedreht sind, aber auch in Ihrem gewohnten Alltagstrott entgeht Ihnen nur, wer Sie wirklich sind. Durch jahrelanges Praktizieren im Hier und Jetzt können Sie sich für jeden abgedrehten Wunsch und jede Hoffnung öffnen. Sie können so leben, dass Sie offen für die Liebe und als spontane Segnung lebendig sind.

Was Sie sich wünschen, ist, wer Sie sind. Öffnen Sie sich ohne Zögern so, wie Sie gerade sind.

18
Leben Sie als Liebe

Erst sind Sie egoistisch, dann versuchen Sie, anderen zu helfen, und dann öffnen Sie sich und leben als Liebe.

Als junger Erwachsener sind Sie hauptsächlich mit sich selbst beschäftigt. Sie wollen ein angenehmes Leben führen, einen ordentlichen Beruf ausüben, eine gute Intimbeziehung führen, vielleicht eine Familie gründen. Nach ein paar Jahren haben Sie vielleicht das Gefühl, großzügiger zu sein. Ihre Aufmerksamkeit dehnt sich buchstäblich über Ihr persönliches Leben und Ihre Familie auf das Leben anderer Menschen aus. Sie fühlen sich bemüßigt, anderen auf irgendeine Weise zu helfen.

Sie *hören nicht auf*, sich für Ihr Privat- und Familienleben zu interessieren, Sie interessieren sich jetzt einfach nur für mehr Menschen. Vielleicht betätigen Sie sich ehrenamtlich oder spenden Geld, um anderen zu helfen. Vielleicht coachen Sie eine kleine Sportmannschaft oder setzen sich dafür ein, die Hungersnot auf der Welt zu lindern. Sie sorgen sich mittlerweile nicht mehr um Ihr persönliches Leben, so dass Sie anderen Menschen ganz automatisch etwas von Ihrer überschüssigen Energie schenken möchten.

Doch wenn Sie wirklich darangehen, anderen zu helfen, geben Sie vielleicht irgendwann die Hoffnung auf. Jahrelang haben Sie sich für andere eingesetzt, und jetzt macht sich allmählich ein Burnout bemerkbar. Es scheint, als stoße Ihre Liebe auf erbitterten Widerstand. Sie geben und geben – und was kommt dabei heraus? Manchmal kommt es Ihnen so vor, als wollten die Menschen gar nicht wachsen und lernen, sich selbst zu helfen. Ihr Bemühen, anderen – auch Ihren eigenen

Kindern – zu helfen, führt oft zu anderen Problemen, die Sie nicht vorhersehen können. Nach jahrelangem begeistertem Dienen merken Sie langsam, dass Sie müde werden und die Menschen immer noch in denselben alten Mustern stecken und die Welt im Grunde genommen wie eine Riesenmaschine unerschütterlich weiterrattert.

Diese Wahrnehmung ist richtig. Die Welt ist viel größer als Ihre Persönlichkeit. Nur selten nutzt der Einzelne die ihm angebotene Hilfe in vollem Umfang. Selbst die uneigennützigsten, liebevollsten und mächtigsten Menschen in der Geschichte der Menschheit – religiöse und politische Visionäre beispielsweise – haben in den seltensten Fällen an den Konflikten auf der Welt etwas ändern können und oft Bewegungen ins Leben gerufen, die unabsichtlich zu großem Sterben und riesigen Zerstörungen führten.

Sobald Sie über Ihr persönliches Selbst hinauswachsen, kann das unbarmherzige Leiden in der Welt Sie dazu veranlassen, mehr in die Tiefe zu wachsen. Sie erkennen irgendwann, dass es Ihr Ziel ist, sich für die Liebe zu öffnen – egal ob diese Welt besser wird oder nicht. Mag sein, dass Ihre Kinder Sie hassen, dass Seen und Weltmeere für immer vergiftet werden, dass die Erde und jeder Mensch auf ihr ein kurzes Aufblitzen in der Geschichte des Kosmos sind. Selbst dann existiert Offenheit. Die einzig wahre Art zu leben ist, sich zu öffnen. Wenn Sie vor lauter Verzweiflung zusammenbrechen – oder sich vor lauter Hoffnung aufblähen –, heißt dies, dass Sie sich von offener Tiefe abschneiden.

Jeder Augenblick ist grenzenlos und frei. Jede Erfahrung, jede Wahrnehmung taucht auf und verschwindet spurlos wie durch Zauberhand. Sie sind die Offenheit, welche die unbestreitbare Wahrheit eines jeden Augenblicks ist. Letztendlich ist die einzige Art zu leben die, zu üben, sich für diese Wahrheit zu öffnen.

Ihr ganzes Leben lang leiden Sie, sobald Sie sich verschließen. Und dann machen Sie sich wieder die immergleichen Sorgen. Zuerst beschränkt sich Ihr Interesse auf Ihr persönliches Wohlergehen, Ihre Beziehungen und Errungenschaften. Dann kommt Ihnen Ihr Leben unbedeutend vor, und Sie erweitern Ihren Interessensradius. Sie opfern Ihre Energie, um anderen zu dienen. Schließlich kommen Ihnen Ihre Bemühungen, anderen zu helfen und die Welt zu verbessern, im Vergleich zur überwältigenden Umwelt belanglos vor. An dieser Stelle ziehen Sie sich entweder in Ihre private Höhle mit ihren kleinen Annehmlichkeiten zurück oder Sie fahren fort, anderen zu dienen, kämpfen dabei gegen den Burnout an und reden sich ein, Sie würden „etwas Sinnvolles" tun. Oder Sie erkennen die Offenheit eines jeden Augenblicks.

Und selbst wenn Sie tot umfallen in Ihrem Bemühen, Liebe zu geben – weil Ihnen der Empfänger Ihrer Hilfe ins Gesicht spuckt oder die Regierung Ihre altruistischen Anstrengungen durchkreuzt –, der Augenblick ist immer noch weit offen. Dieser Augenblick hat keine Ränder. Keine Grenzen hindern Sie daran, sich der Liebe zu öffnen. Selbst wenn Sie frustriert, wütend oder niedergeschlagen sind: Die unleugbare Wahrheit ist, dass dieser Augenblick – und damit auch Sie – grenzenlos offen ist. Sie *sind* Unendlichkeit, die sich kurzzeitig als Frustration, Wut oder Niedergeschlagenheit manifestiert.

Sie sind frei, wenn Sie sich für diesen Augenblick öffnen. Sie spüren ganz deutlich die reale Manifestation von Schmerz und Freude, Sie atmen den ganzen Augenblick, auch sich selbst und alle anderen, tief in Ihr Herz ein, Sie spüren nach außen und bieten sich dem ganzen offenen, grenzenlosen Augenblick dar. Wenn Sie als diese Offenheit handeln, während Sie alles und jeden spüren, kommt die Liebe durch alles, was Sie tun, zum Ausdruck. Man schenkt Liebe, ohne eine Gegenleistung zu erwarten. Sie sind als Liebe lebendig. Ihre Offenheit kommt allen Lebewesen zugute, und Ihr Leben ist ein spontanes Schenken, in jeder Situation, egal ob die Welt untergeht oder noch ein paar Jahre bestehen bleibt.

19
Bleiben Sie offen, wenn Sie angewidert sind

Jeder ist wie Sie.

Entspannen und öffnen Sie sich so, wie Sie gerade sind, genau jetzt. Seien Sie bereit, alles zu spüren. Lassen Sie den Augenblick ungehindert kommen und gehen, während Sie sich entspannen und öffnen. Der ganze Augenblick, Sie einbegriffen, scheint als Licht, fühlt als Liebe und ist als offenes Bewusstsein ganz präsent. Sie sind grenzenlos offen, während jeder Teil von Ihnen und der Welt sich zeigt und weit öffnet.

Jeder Mensch ist dieselbe grenzenlose Offenheit, obwohl vielleicht jeder so handelt, dass er sich verschließt und isoliert fühlt. Immer wenn Sie sich gerade von einem anderen Menschen absondern wollen, leidet Ihr Herz und das des anderen auch, und Sie erzeugen Leid in der Welt um Sie herum. Im Grunde sind Sie Offenheit, so wie jeder Mensch. Der Idiot im Fernsehen, den Sie so abstoßend finden, ist dieselbe Offenheit, die Sie sind. Der Vergewaltiger, den Sie verachten, ist wie Sie. Der ausländische Diktator, den Sie verabscheuen, ist wie Sie. Sich von jemandem abzusondern und sich im Innersten anders zu fühlen, heißt, so zu tun, als gehöre man nicht dazu.

Jeder, den Sie hassen, sei es Ihre Schwiegermutter oder ein Serienmörder, ist im Grunde genommen Sie. Wenn Sie Ihr Herz den Herzen dieser Menschen verschließen, heißt das, dass Sie sich vor dem davonstehlen, der Sie sind. Das bereitet Ihnen innerlich Stress und weckt eine Sehnsucht, die ungestillt bleibt, und darunter leiden die meisten Menschen. Jeden Augenblick, in dem Sie so tun, als seien Sie anders, bereiten Sie Ihrem Herzen noch größere Qualen.

Natürlich sind einige Menschen widerlich. Jeder ist das hin und wieder mal. Wenn die Menschen Sie ganz sehen könnten, sowohl Ihr Inneres wie auch Ihr Äußeres, würden sie strahlende Schönheit und abstoßende Hässlichkeit sehen. Mag sein, dass Sie Ihre heimlichen Macken nicht so auffällig ausleben wie der Kretin im Fernsehen, aber Macken haben Sie bestimmt. Es gibt Augenblicke, da sind Sie sogar von sich selbst angewidert.

Abscheu, Ekel, Angewidertsein – es ist nur natürlich, dass jemand auf manche Ihrer Facetten und die anderer Menschen so instinktiv reagiert. Aber Abscheu erzeugt kein Leid – ein Rückzug hingegen schon. Absonderung ist ein Akt der Unliebe.

Um spirituell zu wachsen und Ihr Herz noch weiter zu öffnen, können Sie üben, angewidert zu sein, ohne auf Distanz zu gehen. Sie können lernen, sich zu ekeln, ohne „zuzumachen". Die Wahrheit ist: Tiefes Leid bei Ihnen und anderen entsteht, *wenn Sie sich zurückziehen und isolieren*. Wenn Sie offen bleiben und jeden Menschen richtig spüren können, selbst diejenigen, die Sie wirklich anwidern, dann hat die Liebe Bestand.

Es mag sein, dass Sie ganz automatisch auf manche Menschen immer oder auf alle Menschen manchmal mit Abscheu reagieren. Aber „dichtzumachen" und sich zurückzuziehen ist wieder ein Akt der Unliebe, der Ihnen und anderen Leid beschert. Ihre *Absonderung* ist Unliebe, nicht Ihr Abscheu oder Ihr Urteil.

Sie können versuchen, andere nicht zu bewerten, aber selbst das beruht auf einer Wertung: „Menschen, die nicht werten, sind besser als Menschen, die werten." Tatsache ist: Man reagiert ganz automatisch und unvermeidlich auf andere Menschen mit einem guten oder schlechten Gefühl. Dies wird dann zum Problem, wenn Sie zulassen, dass Ihre Gefühlsreaktion und Ihre geistigen Wertungen dazu führen, dass Sie Ihr Herz verschließen und sich absondern. Wenn Sie Ihren Bauch anspannen, Ihr Herz verschließen und sich von anderen distanzieren, erzeugen Sie bewusst Unliebe und Leid. Es ist eine Sache, sich von irgendeinem Blödmann angewidert zu fühlen, aber es ist etwas ganz anderes, wenn man sein Herz verschließt und sich obendrein noch absondert.

Sie können selbst dann für die Liebe offen sein, wenn sich jemand ausgesprochen abscheulich verhält. Wenn es sein muss, können Sie mit großer Kraft gegen einen Widersacher vorgehen, aber trotzdem offen bleiben und das Herz Ihres Gegners so spüren, als wäre es Ihr eigenes oder das Ihres oder Ihrer Geliebten.

Wie gesagt: Wenn Sie sich zurückziehen und verschließen, entsteht eine leidvolle, dauerhafte Trennung und Sie setzen die Qualen fort, die durch Unliebe entstehen. Ihr Abscheu und Ihr Ekel sind natürliche Gefühlsreaktionen; sondern Sie andererseits Ihr fühlendes Herz ab und ziehen sich von Menschen zurück, die von Ihnen angewidert sind, ist dies wiederum ein Akt der Unliebe, der eigentliche Moment tiefen Leidens.

Wenn Sie den Menschen, über die Sie sich am meisten aufregen, in die Augen schauen, dann versuchen Sie, die Offenheit hinter ihrer Angst und Qual zu spüren. Egal ob sie im Fernsehen auftreten oder vor Ihnen stehen, egal wie verschlossen oder verschroben sie sein mögen, spüren Sie durch ihre gequälte Ausdrucksweise in ihr sehnsüchtiges Herz hinein. Ihr Augenblick ist genauso offen wie der Ihre, obwohl sie sich möglicherweise verschließen und nicht bereit sind, sich der Liebe zu öffnen. Deshalb leiden sie darunter, dass sie die Offenheit der Liebe zurückweisen.

Spüren Sie in ihr Herz hinein, ohne sich selbst auch noch zu verschließen oder zu schützen. Atmen Sie offen mit ihrem Herzen, als würden Sie mit einem Geliebten atmen. Sprechen Sie vielleicht von Ihrer Offenheit aus zu ihrer Offenheit. Wenn es angezeigt ist, berühren oder balgen Sie sich, um ihnen dabei zu helfen, vor der offenen Blüte der Liebe nicht mehr so weit zurückzuweichen. Egal wie unangenehm es Ihnen ist, üben Sie, Ihren Körper zu öffnen. Auch wenn Sie abgestoßen oder wütend sind, üben Sie, Ihren Bauch zu lockern, Ihren Unterkiefer zu entspannen und Ihr Herz nicht zu verkrampfen, und spüren Sie mit offenem Herzen in das offene Herz dieser Menschen hinein.

Wenn Sie jemand anwidert und auch ganz allgemein: Üben Sie, sich zu entspannen, während der Augenblick als jeder Körper offen erblüht. Geben Sie der Offenheit die Chance, durch Sie und Ihre Beziehungen zu leben, indem Sie üben, die tiefe Offenheit zu spüren und zu atmen, die sich in jedem Menschen danach sehnt, als Liebe zu erblühen.

20
Strengen Sie sich nicht mehr an

Wenn Sie richtig üben, macht Ihr Bemühen die Anstrengung überflüssig.

Angenommen, Sie haben das Gefühl, in einer ausweglosen Situation zu sein, weil Sie kein Geld haben. Sie sind besorgt. Ihr Unterleib verkrampft sich. Ihr Geist dreht sich im Kreis und verheddert sich zu einem Knoten. Sie fühlen sich miserabel. Sie wissen nicht, was Sie tun sollen.

Zunächst einmal können Sie genau das fühlen, was Sie fühlen: die körperliche Anspannung, die rasenden Gedanken, die emotionale Angst. Atmen Sie diese Begleiterscheinungen des Sich-Verschließens in Ihr Herz ein und wieder aus. Fühlen Sie sich sodann *als* diese Begleiterscheinungen und heizen Sie sie auf. Ja, spüren Sie, wie Ihre Gefühle heiß werden und sich in Luft auflösen. Viele Menschen lernen leichter, sich zu öffnen, wenn sie die Begleiterscheinungen ihres Sich-Verschließens bis zur Verflüchtigung aufheizen. Irgendwann wird das dann überflüssig. Sie können einfach richtig fühlen und sich für die Beschaffenheit des Gefühls öffnen.

Wenn die Gefühle sich öffnen, fühlen Sie sich *als* die Offenheit. Seien Sie Offenheit, während Sie Offenheit fühlen.

Bleiben Sie Offenheit und fühlen Sie alles, was Sie fühlen, als Offenheit. Fühlen Sie eine etwaige, noch vorhandene Spannung in Ihrem Bauch oder Gedanken in Ihrem Kopf als Eigenschaften der Offenheit. Überprüfen Sie als Offenheit Ihre Situation, treffen Sie berufliche Entscheidungen und legen Sie sich einen Plan zurecht, wie Sie finanziell wieder auf die Beine kommen.

Falls Ihnen diese Offenheit beim Planen Ihrer Handlungen verloren geht, dann üben Sie, richtig zu spüren, wie Sie sich verschließen. Spüren und atmen Sie die Beschaffenheit Ihres Sich-Verschließens. Heizen Sie sie wie das Sich-Verschließen auf und öffnen Sie sich für seine Beschaffenheit. Fühlen Sie dabei alles, was Sie spüren, als Offenheit.

Irgendwann machen Sie diese ganze Übung ganz automatisch. Sie merken, dass Sie sich verschließen, und öffnen sich. Sie bleiben offen – zumindest eine Zeit lang. Wenn Sie merken, dass Sie sich wieder verschließen, gestatten Sie sich, dieses Sich-Verschließen zu *sein*. Während Sie sich als Sich-Verschließen fühlen, heizen Sie es auf und öffnen Sie sich.

Sie können jederzeit üben, sich zu öffnen. In Wahrheit *sind* Sie Offenheit. Deshalb ist so eine Übung sofort und äußerst wirksam: Sie *tun* ja nur, was Sie *sind*.

Sie müssen unbedingt üben, obwohl Sie nur das üben, was Sie *sind*. Leiden ist der gefühlte Unterschied zwischen dem, was Sie scheinbar fühlen, und dem, was Sie fühlen würden, falls Sie sich erlaubten, das zu fühlen, was tatsächlich *ist*.

Mit anderen Worten: Gewöhnlich *tun* Sie ein Gefühl des Sich-Verschließens. Wenn Sie üben, offen zu sein, dann verschließen Sie sich nicht mehr. In Wahrheit *sind* Sie immer Offenheit. Selbst der ganze Augenblick, in dem Sie sich scheinbar verschließen, ist weit offen, jetzt und immerdar. Wenn Sie sich offen fühlen können, heißt einfach, dass Sie fühlen, was wahr ist, obwohl Sie normalerweise das Gegenteil machen.

Angenommen, Sie sind mit Ihrem Liebsten zusammen, fühlen sich jedoch verschlossen, von ihm getrennt, allein. Sie können üben, sich zu öffnen. Sie können Ihrem Liebsten in die Augen schauen und versuchen, in sein Herz hineinzuspüren. Sie können üben, sich auf Herzensebene zu verbinden, damit Ihre Liebe die Liebe Ihres Liebsten spürt, obwohl Sie im Moment eher verschlossen sind. Sie können Ihren Atem mit Ihrem Liebsten eins werden lassen.

Wenn Sie als eins atmen und sich als eine einzige Liebe fühlen, tun Sie Offenheit. In Augenblicken echter Liebe wissen Sie, dass dies wahr ist – Sie *sind* als eine Person offen. Sie und Ihr Liebster wollen nichts anderes, als diese Wahrheit zu leben, sie durch Ihre Körper zu leben, miteinander zu verschmelzen und sich als eine Person zu öffnen, sich *als* der oder die andere zu fühlen, lebendig als eine einzige Liebe, auch in sexueller Hinsicht.

Diese Ahnung, dass es offenes Einssein gibt, ist die Wurzel Ihrer tiefen Sehnsucht. Falls Sie mit Ihrem Liebesleben unzufrieden sind, dann genau aus dem Grund, weil Sie tief im Innern wissen, wie offen Liebe sein kann.

Vielleicht haben Sie und Ihr Liebster Angst davor, offen zu sein, Angst, verletzt zu werden, Angst, sich ohne eine Geschichte, ohne eine Zukunft oder Vergangenheit, ohne Drama oder Strategie zu öffnen, mit der Sie sich schützen oder Ihr Selbstwertgefühl retten könnten. Und doch sehnen Sie sich danach, sich als eine einzige Liebe zu öffnen, und folglich bestimmt diese Spannung Ihr Leben. Der Unterschied zwischen Ihrer wahren Offenheit und Ihrem Sich-Verschließen macht das Üben zu einer Notwendigkeit.

Zu üben bedeutet dann, einfach das zu *tun*, was Sie wirklich *sind*. Je effizienter Sie üben, desto mehr schwindet das Bedürfnis, zu üben. Sie erkennen, dass Sie das *sind*, was Sie zu erreichen oder zu erschaffen suchten. Sie sind Offenheit, lebendig als Liebe.

Jeder Augenblick ist ein Scheitelpunkt. Wenn Sie weiterhin offen bleiben, dann scheint auch das, was *ist*, zu sein. Wenn Sie das übersehen, schlittern Sie geradewegs in offensichtliche Probleme hinein. Liebe scheint Abtrennung zu sein. Offenheit scheint Sich-Verschließen zu sein. Spontaneität scheint Anstrengung zu sein. Und doch offenbart es sofort die Wahrheit, wenn man sich für das öffnet, was *ist*.

Sie *sind* das, was gerade jetzt *ist*, Sie sind genau jetzt die Offenheit der Liebe, auch wenn Ihr Liebster gerade mit Ihrer besten Freundin vögelt. Üben Sie, für den Scheitelpunkt dieses Augenblicks offen zu bleiben, ohne sich auch nur einen Sekundenbruchteil an einer einzelnen Erfahrung festzuklammern, damit Sie sich nicht verspannen. Diese Übung, für die Form jeder Erfahrung offen zu bleiben – sich *für* die Beschaffenheit der Eifersucht zu öffnen, sich *für* die Beschaffenheit der Wut zu öffnen, sich *für* die Beschaffenheit des Entschlusses zu öffnen, sich scheiden zu lassen –, diese Übung kann als natürlich, befreiend, und doch schonungslos erlebt werden.

Wenn Sie sich für den Scheitelpunkt dieses Augenblicks öffnen, dann ist alles, wie es ist, weit offen. Wenn Sie sich am Scheitelpunkt des Festklammerns festhalten und gierig nach diesem greifen und jenes von sich stoßen, dann gerät die Offenheit durch die vielen verschiedenartigen Herausforderungen in Vergessenheit. Ihr Liebster hat Ihnen dieses angetan, also zahlen Sie es mit jenem zurück. Ihr Bankkonto ist in den Miesen, deshalb verkrampft sich Ihr Unterleib und Angst bestimmt Ihre beruflichen Entscheidungen.

Vom Scheitelpunkt des Festklammerns aus erzeugen alle Gedanken und Handlungen weiteres Festklammern. Wenn Sie für den Scheitelpunkt dieses Augenblicks offen sind, tauchen alle Gedanken und Handlungen aus der Tiefe auf und öffnen sich spurlos. So wie Sie sind. So wie dieser Augenblick ist.

Durch Übung kommt es zu Entspannung.

Liebe und Sexualität

21
Lassen Sie sich von der Liebe verletzen

Wenn Sie Ihr Herz für die Liebe öffnen,
öffnen Sie es auch für Verletzungen.

Liebe ist Offenheit. Wenn Sie sich erlauben, sich zu öffnen, kann die Liebe ungehindert strömen. Wenn Ihr Herz offen ist, können Sie mit Ihrer Liebsten oder jedem anderen Menschen kommunizieren. Sie können sich mit ihnen zusammen im Einssein öffnen. Ob Sie Sex haben oder über Politik diskutieren – Sie können sich öffnen und als eine einzige Liebe kommunizieren, die sich über zwei Körper ausdrückt.

Wenn Sie offen sind und der andere nicht, werden Sie es spüren. Wenn Ihre Liebste sie mit böser Kritik überschüttet, fühlt sich Ihr Herz gegeißelt und verwundet.

Irgendwann verschließt sich Ihr Herz, um nicht mehr so verwundbar zu sein. Doch Liebe wünschen Sie sich immer noch. Hinter Ihren Schutzmauern baut sich Ihre Sehnsucht zu Frustration und später zu Wut auf. Am Ende gehen Sie dann vielleicht wutentbrannt auf Ihre Liebste los, um derjenigen wehzutun, die Ihnen wehgetan hat. Beide verschließen Sie sich immer mehr. Sie wollen die Liebe des anderen, aber der will sie Ihnen nicht geben. Deshalb bestrafen Sie Ihre Liebste dafür, dass sie Sie nicht liebt, und dann verschließt sie sich noch mehr und rächt sich an Ihnen.

Um diesen Teufelskreis des Sich-Verschließens zu durchbrechen, können Sie lernen, Liebe zu üben. Sie können üben, offen zu bleiben, auch wenn sich Ihr Herz reflexartig verschließen möchte, um sich vor Verletzungen zu schützen. Sie können sich dafür entscheiden, die

Verletzung zu fühlen, und üben, offen zu bleiben. Statt sich aus Wut zu verschließen, gestatten Sie sich, Ihren tiefen Kummer, Ihre ungestillte Sehnsucht und die verletzenden Peitschenhiebe Ihrer wütenden Liebsten zu fühlen, und üben währenddessen, offen zu bleiben. Wenn Sie offen bleiben, wird der Kreislauf durchbrochen, und Ihre Liebe wartet auf die Bereitschaft Ihrer Liebsten, sich zu öffnen.

Als Reaktion auf die verletzenden Worte und Handlungen Ihrer Liebsten können Sie Liebe üben. Statt den Atem anzuhalten, können Sie tief und voll atmen. Statt den Körper zu verspannen, können Sie den Bauch entspannen, während Sie tiefe Verletzung atmen und fühlen. Statt sich abzuwenden, können Sie Ihrer Liebsten in die Augen schauen und dabei ihren Schmerz fühlen. Sie können der Offenheit Ihrer Liebsten dienen, indem Sie ihr Ihre Offenheit darbieten.

Spüren Sie ins Herz Ihrer Liebsten hinein, das sehnsüchtig schlägt und hinter seiner Fassade der Lieblosigkeit auf Liebe wartet. Statt auf die Unliebe mit Verschlossenheit zu reagieren, können Sie offen und tief verbunden bleiben, während Sie atmen und die tiefe Offenheit des Herzens spüren, die sich hinter der Kränkung durch Ihre Liebste verbirgt.

Sie können diese Offenheit und diesen Kontakt zur Tiefe Ihres Herzens mit jedem Menschen praktizieren, den Sie lieben – wirklich mit jedem Menschen. Egal, mit wem Sie zusammen sind, schauen Sie diesem Menschen in die Augen. Spüren Sie durch seine Maske oder das Gesicht, das er in der Gesellschaft trägt, hindurch, und spüren Sie in den Wunsch seines Herzens hinein; er möchte sich öffnen, Verbindung aufnehmen und tiefe Liebe fühlen, so wie Sie.

Egal für wen Sie sich entscheiden, spüren Sie durch die Schichten gewohnheitsmäßiger Vorsicht, durch seine Muskelverspannungen, sein einsames Sich-Verschließen und seine Abschirmung hindurch. Ohne diese Menschen tatsächlich zu berühren, können Sie Ihrem Herzen erlauben, das ihre zu spüren. Atmen Sie mit ihnen Liebe ein und aus, als würden Sie eine Fern-Reanimation von Herz zu Herz machen. All das kann in Sekundenbruchteilen geschehen, zufällig, selbst mit dem Angestellten eines Lebensmittelladens, der gar nicht bemerkt, dass Sie üben.

Das Leben ist eine Lektion in Sachen Liebe. Ihr Leben fühlt sich in jedem Augenblick, in dem Sie für die Liebe offen bleiben, erfüllt an, egal wie schmerzhaft oder freudvoll die Liebe ist. Wenn Sie sich verschließen, und sei es auch nur für einen Augenblick, erzeugen Sie in Ihrem Herzen Unerfülltheit und Schmerz im Herzen jener, die sich in Liebe zu Ihnen öffnen würden.

Damit Ihr Leben Tiefgang hat und voller Liebeskraft ist, üben Sie, sich immerfort zu öffnen, auch dann, wenn Sie verletzt werden. Spüren und atmen Sie die tiefe Verletzung Ihres Herzens und die Verletzung anderer Menschen, ohne sich zu verschließen. Schenken Sie jedem die Offenheit Ihres Herzens, und besonders denjenigen, die Sie verletzen. Sonst bleibt Ihnen nur, sich zu verschließen und unerfüllt zu leben.

22
Stehen Sie zu Ihrer Ablehnung

Wenn Sie sich nicht öffnen, lehnt all Ihr Tun, Denken und Fühlen die Offenheit bewusst ab.

Sie wollen sehnlichst so akzeptiert werden, wie Sie sind. Sie möchten sich gewürdigt, anerkannt und geliebt fühlen. Diese Wünsche, gesehen und gewürdigt zu werden, sind Symptome Ihres Sich-Verschließens. Der reflexartige Spannungszustand, den man „Ich" nennt, versucht, sich zu behaupten. Ihre emotionale Stütze wurzelt in diesem Bedürfnis, gespiegelt zu werden, zu wissen, dass Sie gesehen, gefühlt und geliebt werden.

In Wahrheit *sind* Sie in der Tiefe die Offenheit der Liebe. Aber als ein getrenntes „Ich" sind Sie die Ablehnung dieser Offenheit. Selbstschutz ist immer mit Anspannung verbunden. Sie zappeln sich ab, um sich zu berühren, masturbieren, fressen sich voll, denken über sich nach und sind mit sich selbst beschäftigt. Selbst Ihr Wunsch, spirituell zu wachsen, ist Selbstbezogenheit. Alles, was Sie tun, soll die gefühlte Empfindung, ein getrenntes Selbst zu sein, aufrechterhalten – und hoffentlich zu größerer Liebe und Freiheit führen.

Wenn Sie auf dem Gefühl beharren, ein getrenntes Selbst zu sein, lehnen Sie die Liebe ab. Denn fast jeden Tag weigern Sie sich bewusst, die Offenheit zu sein, die Liebe ist. Sie wären lieber ein verschlossener Irgendwer mit einem schmerz- und freudvollen Privatleben als Offenheit, die als alle Lebewesen und Dinge lebendig ist.

Spirituelles Wachstum hat zwei wichtige Phasen. In der ersten Phase glauben Sie tatsächlich, Sie wollten offener werden. Sie glauben, Sie wollten mehr Liebe in Ihrem Leben, mehr Mitgefühl. Sie möchten Ihre Liebe geben und anderen helfen. Sie glauben, Ihre Gedanken, Gefühle und Handlungen könnten tatsächlich bewirken, dass Sie mehr Offenheit und Liebe bekommen und geben.

Die zweite Phase setzt ein, wenn Sie zu jedem Augenblick spüren können, dass Sie sich bewusst verschließen. Jeder Gedanke, jedes Gefühl und jede Handlung verstärken Ihr Empfinden, getrennt zu sein. Sie *tun* Unliebe. Genauer gesagt ist eigentlich „Ich" die Unliebe. Selbstbezogenheit heißt, dass Sie sich zurückhalten, selbst schützen und hoffen, umsorgt zu werden, hoffen, offener zu werden, sich Ihre Gedanken machen und Ihren Erfolg strategisch planen. Sie sind nur mit sich selbst beschäftigt. Alles, was Sie tun, ist ein Bemühen, dieses Gefühl des Ichs aufrechtzuerhalten, das, so hoffen Sie, geliebt wird und liebevoll und erfolgreich ist.

Mit Beginn dieser zweiten Lebensphase erkennen Sie, dass Sie gar nicht offener werden wollen. Ehrlich gesagt, jagt es Ihnen Angst ein, offen zu sein. Sie möchten gern ein bisschen offener sein, um sich wohl und sicher zu fühlen, aber völlige Offenheit – ohne irgendein „Ich", auf das Sie zeigen können – ist Angst einflößend.

In Wahrheit sind Sie Liebe, nicht ein „Ich", das lieben und geliebt werden möchte. Sie mögen zwar wie bisher selbstbezogen wünschen, etwas Besonderes zu sein und geliebt zu werden, aber Sie können mit dieser Selbstbezogenheit genauso umgehen wie mit dem Stuhlgang. Es ist etwas, das man spürt, wenn es geschieht. Manchmal genießt man es, manchmal leidet man darunter und lässt es ganz natürlich los, wie es eben so ist.

Wenn Sie sich mit der Bewegung des „Ich", mit Ihren Emotionen, Gedanken und Handlungen quälen wollen und mit der Frage, wer Sie liebt oder ob Sie beruflich oder mit Ihrer spirituellen Praxis erfolgreich sein werden, dann können Sie das so lange tun, wie Sie wollen. Irgendwann erkennen Sie, dass dies eine ganz natürliche Bewegung ist, aber sie geht nirgends in die Tiefe.

Warum sollten Sie sich mit Ihrer eigenen Scheiße quälen? Wenn Sie sich nur mit sich selbst beschäftigen, weigern Sie sich aktiv, die Liebe zu sein, die Sie sind – offen, grenzenlos und frei.

23
Lassen Sie die Liebe als Wut leben

Sie können in Liebe offen und trotzdem richtig wütend sein.

Viele Menschen glauben wohl, Liebe bedeute, lieb und friedlich zu sein. Aber Liebe ist Offenheit. Alle emotionalen Ausdrucksweisen sind Wellen in einem Ozean der Liebe. Sogar Wut kann sich in tiefer Liebe bewegen.

Stellen Sie sich vor, Sie überraschen Ihre Kinder vor dem offenen Küchenschrank mit den Putzmitteln. Ihre Tochter hält eine Flasche Abflussreiniger an die Lippen. Ihr Sohn ist gerade dabei, sich Bleichmittel in die Augen zu gießen. Ihre Jüngste will gerade ein Insektenvernichtungsmittel trinken.

Ohne zu überlegen, schreien Sie: „Nein!“. Sie entreißen Ihren Kindern die giftigen Produkte und schreien: „Nein, nein, nein! Damit spielt man nicht! Das Zeug ist gefährlich!“ Vielleicht packen Sie Ihre Kinder auch fest an den Schultern und schütteln sie. Sie schütteln sie, weil Sie sie so lieben. Dann drücken Sie Ihre weinenden Kinder fest an sich. „Ich liebe euch! Ich liebe euch so sehr. Ich möchte nicht, dass euch etwas zustößt.“

Da Ihre Wut der Liebe entspringt, entspannt sich Ihr Körper nach kurzer Zeit, Ihre Kinder hören auf zu weinen und spüren, dass Sie für sie da sind. Ihre Augen sind genauso feucht wie die Ihrer Kinder. Die Kinder spüren Ihre Liebe, wissen aber auch, dass Ihre Forderung dringlich ist: Gefahr! Ihre Wut durchtrennt die Gleichgültigkeit des Augenblicks. Das hier ist eine ernste Angelegenheit. Eine ruhige, sanfte Stimme vermittelt Ihre Liebe nicht so dringlich, energisch und wirkungsvoll.

Während es Ihnen immer besser gelingt, in allen Situationen offen zu bleiben, werden Ihre Emotionen stärker, nicht schwächer. Wenn Ihr Ehemann nichts aus seinem Leben macht und seine Zeit nur mit banalen Dingen verplempert, sich vom Fernsehen und aussichtlosen Unterfangen ablenken lässt, dann wird Ihr Herz seine Liebe herausschreien: „Ich halte es nicht aus, dass du so bist! Du bist ein großartiger Mann! Ich will deine vollsten Gaben spüren!“ Die Dringlichkeit Ihrer Forderung, er solle sein vollstes Potenzial geben, ist unmissverständlich.

Wenn Ihre Ehefrau in einem fort plappert, weil sie angespannt ist, wenn sie Ihnen selten in die Augen schaut und oberflächlich weiterschwafelt, schreit Ihr Herz möglicherweise: „Ich liebe dich! Es reicht jetzt! Ich möchte spüren, dass du offen mit mir bist!“ Ihre Liebe, die sich urplötzlich wie ein Blitz entlädt, kann ihre oberflächliche Spannung aufbrechen, so dass sie einen Moment innehält. Sie können sie in ihrer Verblüffung packen, in Offenheit umarmen und mit Ihrer tiefen, gegenwärtigen Liebe erfüllen.

Manche Menschen sind auf schrankenlose Liebe nicht vorbereitet. Wenn Ihre Liebste, Ihr Liebster jemand ist, der früher missbraucht wurde, dann braucht er oder sie vielleicht genau abgesteckte Grenzen, um zu wachsen: Sie dürfen sagen, dass Sie wütend sind, es aber nicht hinausschreien. Oder Sie dürfen Ihre Wut zwar hinausschreien, Ihren Liebsten, Ihre Liebste in Ihrer Wut aber nicht berühren. Grenzen vermitteln ein Gefühl von Sicherheit, das manche Menschen brauchen, um sich in Offenheit zu üben und nicht von Furcht gelähmt zu werden.

Aber in Ihrem Wachstumsprozess kommt einmal eine Zeit, wenn Sie und Ihr Liebster sich nur noch mit uneingeschränkter Liebe zufriedengeben wollen. Sie wollen beide ungehinderte, nicht unterdrückte, ungezähmte Liebe geben und empfangen. Diese Art Liebe kann durchaus schreien und brüllen und weinen und fordern – ohne Vorwarnung –, weil Ihr Wunsch nach Offenheit und enger Verbindung so heftig ist.

Jeder verschließt sich hin und wieder. Jeder hat Momente, wo er faul, oberflächlich und nicht auf der Höhe ist. Deshalb sind Geduld, Freundlichkeit und Unterstützung das wichtigste Gerüst einer gesunden Beziehung. Aber manchmal muss die Leidenschaft eingreifen. Wie bei Ihren Kindern, die in der Küche giftige Flüssigkeiten trinken, lässt es die Dringlichkeit Ihrer Liebe nicht zu, dass Ihre Intimbeziehung dahinwelkt und stirbt. Wenn Ihr Liebster sein eigenes Wachstum in Gefahr bringt, weil er nicht so offen ist, wie er sein könnte, dann darf Ihr liebendes Herz auch brüllen.

Liebe kann sanft und nährend sein. Aber Liebe kann auch wütend sein, wenn Sie offen sind. Und eine so leidenschaftliche Liebe löst sich in dem Moment in nichts auf, wo ihre Dringlichkeit anerkannt wird. Wenn Ihre Wut die Wut der Liebe ist, dann kommt sie gewaltig daher, dient dazu, die liebende enge Verbindung zu vertiefen, und löst sich dann sofort auf. Es ist spontane Wut, die keine Spur von Schuldgefühl und nicht das kleinste bisschen Stress hinterlässt.

Wenn Sie Ihre Wut jedoch bisher unterdrückt haben, dann schaukelt sich ihre nicht verbalisierte Energie in Ihnen auf. Wenn Sie diese Wut herauslassen, kann sie Schaden anrichten. Diese aus Ablehnung geborene Wut hat sich angestaut, weil Sie sich verschlossen haben. Es ist nicht die spontane Wut der Liebe, sondern nur alte Spannung, die nach Erlösung sucht. Oft ist es das Beste, man lässt diese aufgestaute Wut los, indem man einfach losbrüllt oder auf ein Kissen einschlägt, bevor man sich seinem Liebsten, seiner Liebsten nähert.

Unterdrückte Wut, die sich aufgestaut hat, ist ein fester Bestandteil des Sich-Verschließens, so etwas wie ein Abfallprodukt, das man getrost entsorgen kann. Diese Wut kann schädlich, verletzend und zerstörerisch werden. Aber spontane Wut, die aus der Sorge entspringt und als Liebe lebendig ist, kann wie ein leidenschaftlicher Blitz sein, der das Herz des Liebsten aufrüttelt, schockiert und ihn für seinen Herzenskern öffnet.

Sie können mit Ihrem Liebsten, Ihrer Liebsten über Tage und Wochen hinweg üben, sich der Wut zu öffnen. Stellen oder setzen Sie sich einander gegenüber, ohne sich zu berühren, und schauen Sie sich in die Augen. Lassen Sie Ihren Atem den Atem des anderen spüren. Sie brauchen dazu nicht unbedingt im gleichen Rhythmus zu atmen. Spüren Sie einfach beim Atmen den Rhythmus und die Qualität, den der Atem Ihres Gegenübers hat. Lassen Sie die Augen nicht umherschweifen, sondern sehen Sie Ihrem Gegenüber weiterhin in die Augen und spüren Sie sich in ihn oder sie hinein. Spüren Sie in das Herz Ihres

Liebsten, durch alle Spannungen oder jede Verschlossenheit hindurch. Tun Sie dies so lange, bis Sie beide deutlich spüren, dass es zwischen Ihren Herzen eine aus Offenheit, Vertrauen und Liebe bestehende Verbindung gibt.

Üben Sie dann abwechselnd Wut als Liebe. Wenn Sie anfangen, schreien Sie Ihr Gegenüber an. Auch wenn Ihre Wut nur vorgetäuscht ist, schreien Sie laut und kräftig. Schauen Sie ihm oder ihr dabei in die Augen, spüren Sie in sein oder ihr Herz hinein und bleiben Sie tief verbunden im Gefühl-Vertrauen. Mit anderen Worten: Bleiben Sie offen und spüren Sie, wie Sie einander Moment für Moment spüren, auch wenn sich die Wut heftig entlädt.

Wenn Ihr Gegenüber die Augen schließt, sich abwendet oder angespannt atmet, können Sie so lange eine Pause machen, bis er oder sie wieder tiefe Verbindung mit Ihnen aufbauen kann. Dann können Sie weiter schreien. Sobald Sie wütend schreien können und dabei auch in das Herz Ihres Liebsten hineinfühlen, und Ihr Liebster bei Ihnen bleiben kann, tief atmet, Ihnen in die Augen schaut und die Verbindung von seinem Herzen zu Ihrem aufrechterhält, tauschen Sie die Rollen. Jetzt schreit Ihr Liebster Sie an, während Sie beide üben, trotz der Energie der Wut offen und tief verbunden zu bleiben.

Dies ist zwar nur die Probe für den Ernstfall, aber Sie können die Fähigkeit entwickeln, mitten in einem Wutanfall auf Herzensebene offen und tief verbunden zu bleiben. So wie Sie in einem Unwetter stehen und seine ungezügelte Energie genießen, können Sie sich auf die wilde Wut Ihrer Liebsten einlassen und sich ganz öffnen. Sie können die ungezügelte Energie der Wut einatmen und Ihren Bauch mit der Kraft der Liebeswut füllen, während Sie die Verbindung zwischen Ihren Herzen aufrechterhalten und Ihrem Liebsten tief in die Augen schauen. Während Sie beide lernen, einander zu fühlen, einander zu atmen und Ihre Herzen gemeinsam zu öffnen, während Sie Wut geben und empfangen, vertieft sich Ihre Nähe, da die Liebe sich ausbreitet.

Liebe kann als alle Emotionen lebendig sein. Wenn Wut aus tiefem Herzen zu tiefem Herzen vermittelt und als eindringliches Mit-Gefühl zum Ausdruck gebracht wird, kann sie die Wirklichkeit eines Moments offenbaren.

24
Lassen Sie die wilde Leidenschaft Ihres Herzens zu

Schläge können Verschlossenheit oder Offenheit bedeuten.

Gewaltsame Emotionen sind für die meisten Menschen meistens zerstörerisch. Man gerät in Rage und sagt Dinge, die man nicht so meint. Vielleicht schlägt und verletzt man jemanden und bereut es später. Oder vielleicht lässt man, nachdem der Geliebte, die Geliebte einen zurückgestoßen hat, den Kopf hängen, frisst sich voll, legt sich ins Bett und versinkt in düsterer, selbstzerstörerischer Depression. Gewalt ist in den meisten Fällen eine Form der Selbstmisshandlung oder der Misshandlung anderer.

Deshalb bedeutet spirituelles Wachstum in erster Linie, Mitgefühl zu entwickeln und weniger emotionale Gewalt sich selbst und anderen gegenüber anzuwenden. Je besser Sie sich selbst wahrnehmen, desto mehr zieht es Sie ganz automatisch zu Frieden und Harmonie. Wenn Sie verärgert oder aufgebracht sind, lernen Sie, ein paar Mal durchzuatmen und sich zu beruhigen. Sie versuchen, sich in Freundlichkeit statt Hass, in Akzeptanz statt Wertungen, in Freude statt Wut zu üben.

Auf diese Weise können Sie ausgewogen werden – und irgendwann langweilig. Wenn Sie immer nur ergeben lächeln, kann es sein, dass Sie die Tiefe Ihrer Liebes-Kraft gegen eine ungefährliche, aber seichte Gemütsruhe eintauschen. Vielleicht haben Sie Ihre verantwortungslose Gewalttätigkeit zugunsten einer einstudierten Gelassenheit überwunden, aber Ihr Wachstum muss hier nicht unbedingt aufhören.

Sobald Sie die Fähigkeit entwickelt haben, durch Ihre emotionalen Reflexe hindurchzuatmen und sich wohlwollend zu verhalten, müssen Sie noch einen Schritt weitergehen. Sie können lernen, sich *für* Ihre

Emotion zu öffnen. Statt reflexartig zum Gegenschlag auszuholen und zur Beruhigung durch Ihre Wut hindurchzuatmen, können Sie mithilfe Ihrer Wut – oder jeder anderen Emotion – Wahrheit und Liebe nämlich tiefer zum Ausdruck bringen.

Erinnern Sie sich an eine Situation, als Sie jemanden verprügeln, gegen eine Wand hämmern, einen Teller zerschlagen oder sich selbst verletzen wollten. Wahrscheinlich hatten Sie das Gefühl, eingesperrt zu sein – von Ihren eigenen Grenzen oder von äußeren Beschränkungen –, oder meinten, in der Klemme zu sitzen und nicht geliebt zu werden. Gewalt ist immer ein Bemühen um mehr Freiheit oder Liebe. Offenheit *ist* Freiheit und Liebe. Selbst die gewalttätigsten oder selbstzerstörerischsten Emotionen wurzeln in dem Bedürfnis des Herzens nach Offenheit, dem Wunsch, frei zu sein und Liebe zu geben und zu empfangen.

Wenn Sie offen sind, können Sie Liebe umfassend geben und empfangen und sind frei. Wenn Sie jedoch nicht üben, sich zu öffnen, wenn Sie unfähig sind, als Liebe zu leben, dann staut sich Ihre Liebes-Energie auf und brodelt als Chaos der Gefühle. Sie fühlen sich gefangen und allein. Ihre emotionale Energie gerät aus dem Lot.

Wenn man heftige Emotionen bereitwillig akzeptiert, können sie einen schnell zu tieferer Offenheit führen. Wut kann bewirken, dass Sie schlagartig aus düsterer Verwirrung erwachen, sofern Sie Ihr Herz öffnen und Ihre Liebe-Dringlichkeit, die als Wut daherkommt, wirklich spüren können.

Auch Traurigkeit kann Ihr Herz sichtbar machen. Achten Sie genau jetzt darauf, ob Sie irgendeine Traurigkeit spüren. Lockern Sie Ihren Brustkorb und entspannen Sie Ihren Unterkiefer, damit die Traurigkeit ungehindert bis in Ihre Brust strömen kann. Sanftheit ist nachgiebig, aber nicht schwach – wie der Ozean. Geben Sie Ihrer Traurigkeit nach, ohne zusammenzubrechen. Spüren Sie, wie die Energie der Trauer in Ihrer Brust anschwillt, spüren Sie das Wogen und Ächzen der Sehnsucht, die Tiefe der Liebe in Ihrem Herzen, die sich für die Traurigkeit öffnet. Sich für die Traurigkeit zu öffnen, heißt, sich für den riesigen Ozean der Liebessehnsucht zu öffnen.

Angst ist ein Hinweis darauf, dass Sie an etwas festhalten. Wo halten Sie gerade krampfhaft fest? In der Zunge, im Bauch, zwischen den Beinen? Was würde passieren, wenn Sie der Offenheit vertrauten und sich ergäben, um von dem Geheimnis, welches das Leben ist, gelebt zu werden? Tun Sie einen Moment lang Ihr Bestes, um sich vollständig zu öffnen. Entspannen Sie die Muskeln, damit die Lebensenergie ungehindert durch Ihren Körper strömen kann. Lassen Sie zu, dass das Leben Sie atmet; atmen Sie völlig unangestrengt. Wenn das Leben Sie nicht mehr atmen will, dann soll es so sein.

Was, befürchten Sie, wird passieren, wenn Sie genau jetzt nicht mehr versuchen, zu denken oder zu handeln? Finden Sie es heraus. Vertrauen Sie Ihrem tiefen Bauch, spüren Sie in Ihr tiefes Herz hinein, machen Sie Ihren Kopf so weich und offen wie das Lächeln eines Babys. Finden Sie heraus, was Sie denken und tun, während Sie sich ergeben öffnen, und machen Sie keine Anstrengungen mehr.

Achten Sie darauf, wann Sie sich aus Angst wieder festklammern. Ihre Gedanken, Emotionen oder Muskeln bewegen sich in dem Bemühen, Ihre Zukunft zu sichern, für Sicherheit zu sorgen, Sie vor dem freien Fall zu schützen. Spüren Sie, wie Sie der Größe des Lebens misstrauen, Sie zu leben. Spüren Sie genau, wie Sie die grenzenlose Offenheit der Liebe einschränken, indem Sie sich verschließen. Spüren Sie, wie Sie sich vor Angst verschließen, weil Sie nicht bereit sind, sich zu ergeben, und sich weigern, gelebt und für den ganzen Augenblick geöffnet zu werden. Weichen Sie nicht vor der Angst zurück, sondern spüren Sie sie als die Gestalt, die die Liebe jetzt gerade annimmt. Versetzen Sie sich in die Gefühlsgestalt Ihrer Angst. Und wenn Sie bereit sind, dem Mysterium zu vertrauen, das darin besteht, auch als Ihre angsterfüllte Gestalt zu leben, dann öffnen Sie sich.

Wut, Traurigkeit, Angst – wenn Sie sich erlauben, all Ihre Emotionen ganz zu spüren und sich für sie zu öffnen, kann Ihr Herz durch alle Facetten der Liebe Ausdruck finden. Manche Augenblicke mögen Ihnen friedlich und harmonisch, andere vielleicht unbeständig und stürmisch, chaotisch und leidenschaftlich oder auch quälend grausam vorkommen. Liebe hat unendlich viele Facetten.

Anfangs reagieren Sie impulsiv, emotional und somit wahrscheinlich zerstörerisch und tun sich und anderen weh. Deshalb sollten Sie lernen, ein paar Mal durchzuatmen und erst zu handeln, wenn Sie sich beruhigt haben. Dann sind Sie friedlicher und ausgewogener. Doch diese Selbstbeschwichtigung nutzt nur dann etwas, wenn Sie bereit und willens sind, sich der Liebe zu öffnen, egal in welcher Form sie sich zeigt.

Beim Sex lässt sich die Entwicklung emotionaler Ausdrucksformen – von Impulsivität bis Gelassenheit und Freiheit – am besten beobachten. Zuerst geht es nur darum, erregt zu werden und zu „kommen" oder bedürftig um Liebe zu betteln. Dann wird der Sex harmonischer, man kommuniziert miteinander, genießt entspannt die Sinnlichkeit und tut etwas für den Partner.

Da Sie sich und Ihrem Liebespartner Ihre verborgensten Herzenswünsche nicht mehr vorenthalten wollen, öffnen Sie sich schließlich beide ganz. Sie lernen, Liebe mit dem ganzen Spektrum an Emotionen zu geben und zu empfangen – Sie lassen sich Zeit, den Partner zu erregen, kratzen wie Wildkatzen, beißen wie Vampire oder verschmelzen in stillem Licht. Sie lernen, mit offenem Herzen zu lieben, egal wie gewaltsam oder entspannt Ihr Liebesspiel ist.

In bestimmten Momenten ist ein liebevoller oder von Herzen kommender Klaps auf den Hintern – auch wenn er sehr schmerzhaft ist – für Ihren Liebespartner erotischer und entfacht seine Liebe mehr als Worte. Wenn Worte der Vernunft nichts nützen, rüttelt durchaus auch einmal eine der Sorge entspringende, lieb gemeinte Ohrfeige Ihren Liebespartner wach, wenn er dabei ist, sein Leben zu ruinieren. Leidenschaftliche Liebe ist oft gefährlich, aber authentisch.

Kommt es jedoch zu gewaltsamen Handlungen, die *keine Verbindung* mit Ihrem Herzen haben, dann werden Sie im juristischen Sinne zerstörerisch. Ist Ihr Herz verschlossen und Sie schlagen jemanden, verursachen Sie Schmerz und Leid, punktum. Man braucht Gesetze, Regeln und sichere Grenzen, um jeden Menschen vor unerwünschten Übergriffen und Schäden zu schützen. Klare Grenzen sind wichtig in Fällen, wo Sie Ihrem Liebespartner nicht vertrauen oder ihn nicht verletzen oder selbst verletzt werden wollen.

Sobald Sie einander respektieren und sichere Grenzen gezogen haben, sind Sie vielleicht bereit, vertrauensvoll weiter zu wachsen. Vielleicht ist es Teil Ihres Entwicklungswegs, andere zu verletzen und selbst verletzt zu werden, damit sich Ihre Liebe vertieft. Sie können Ihren Liebespartner bitten, Sie anzuschreien, zu wimmern, zu stöhnen, zu beißen, ja Sie zu schlagen – während Sie beide üben, den anderen trotz des Gerangels tief zu spüren und auf Herzensebene mit ihm in Verbindung zu bleiben.

Wenn Sie den Raum brauchen, um sich sicher zu fühlen, dann halten Sie an allen Regeln und Grenzen fest, die gut für Sie sind. Sagen Sie zu Ihrer Liebespartnerin: „Du darfst mich anschreien, wenn du das brauchst, aber du darfst mich erst anfassen, wenn du dich beruhigt hast.“ Den meisten sind solche Regeln lieber als der Schaden, der durch die Aggressionen eines Menschen entsteht, dessen Herz verschlossen war.

Aber Aggression um der Liebe willen ist Leidenschaft. Wenn Sie Ihren Liebespartner mitreißen oder sich von ihm oder ihr mitreißen lassen wollen, geht es manchmal nicht ohne liebevolle Gewalt.

Wenn Sie sich als Paar dafür entschieden haben, auf die Sicherheit von Grenzen zu verzichten, können Sie die Kunst des Liebens in ihrer ganzen Bandbreite praktizieren. Statt sich zurückzuhalten oder zu versuchen, „schlechte“ Emotionen in „gute“ zu verwandeln, können Sie lernen, *alle* Emotionen als Ausdruck Ihrer *tiefsten*, von Herz zu Herz gehenden Liebe zu leben, egal wie leidenschaftlich Ihre tiefe Liebe Sie erfasst. Dies ist aber nur in einem Rahmen möglich, in dem beide Partner einander wirklich vertrauen und zwischen ihnen eine echte Herzensverbindung besteht.

Wenn Sie mit Ihrer Liebespartnerin zusammen sind, schauen Sie ihr in die Augen und üben Sie, sich gemeinsam zu öffnen. Entspannen Sie Ihren Körper und atmen Sie tief durch. Spüren Sie den Atemrhythmus Ihrer Liebsten. Spüren Sie Ihr Herz, so wie sie das Ihre spürt.

Schauen Sie Ihrer Liebsten in die Augen und spüren Sie in ihr Herz hinein. Lernen Sie, zu erkennen, wann sie sich emotional verschließt oder distanziert. Vielleicht schweift sie ab und ist nicht mehr so präsent. Oder ihre Augenlider fangen an zu flattern, weil sie Angst hat und sich schützen will. Im Lauf der Zeit und mit etwas Übung werden Sie sehr sensibel dafür, wann das Herz Ihrer Liebsten zwischen Offenheit und Sich-Verschließen schwankt.

Zur Schulung Ihrer Fähigkeit können Sie Ihrem Liebsten erzählen, wie Sie sein Herz zu jedem Augenblick spüren: „Es öffnet sich, es öffnet sich, es verschließt sich, es verschließt sich ..." Nach einigen Minuten kann er die Genauigkeit Ihrer Beobachtung verbal überprüfen. Lesen Sie an seinen Rückmeldungen ab, wie gut Sie die Schwankungen seines Herzens erspürt haben, die oft wie das fast unmerkliche Öffnen und Schließen einer Kamerablende sind.

Irgendwann können Sie beide Ihrer Fähigkeit vertrauen, das Herz des Partners zu spüren. Mit etwas Übung erspüren Sie genau, wann Ihr Liebster offen und ganz bei Ihnen ist und wann Ihre Liebste langsam abdriftet oder ihre Gefühle hinter einem Panzer versteckt. Sie lernen, selbst unmerkliche, abrupte oder schnelle Veränderungen zu spüren.

Sobald Sie beide gelernt haben, die Gegenwart und Offenheit des anderen – oder deren Fehlen – zu spüren, können Sie beim Sex ab dann aggressivere Emotionen einfließen lassen. Jede Emotion oder jeder Impuls, dem Sie sich nicht öffnen, wird in Ihrer Psyche unterdrückt und wartet nur darauf, irgendwann unerwartet auszubrechen – aber dann mit voller Wucht. Wenn Sie jedoch lernen, den zarten Kern Ihrer dunkleren Impulse zu öffnen, werden Sie feststellen, dass Ihre wahren Motive tiefere Liebe, Vertrauen und Offenheit sind.

Fangen Sie an, beim Liebesspiel einen Ihrer aggressiveren Wünsche verbal, durch Berührungen, Bewegungen und Ihre Atmung zu äußern, und achten Sie sofort darauf, wie Ihr Herz und das Ihres Liebespartners zwischen Sich-Öffnen und Sich-Verschließen hin und her schwanken. Schenken Sie die Schattenseiten Ihrer Liebe nur dann, wenn Sie beide offen und auf Herzensebene miteinander verbunden sind. Wenn die Blende Ihrer Herz-Kamera sich ganz schließt oder Ihr Liebespartner immer mehr „zumacht", sprechen und bewegen Sie sich nicht mehr aggressiv, sondern stellen erst wieder Offenheit und eine Verbindung her, indem Sie gemeinsam spüren und atmen und sich dabei tief in die Augen schauen.

Intensive Lust kann genauso ablenken wie emotionale Angst. Vielleicht stellen Sie fest, dass Ihr Liebespartner, Ihre Liebespartnerin es wirklich *gern hat*, wenn Sie ihn oder sie grob behandeln. Während Sie knurren und fluchen und ihn spielerisch zu Boden drücken oder versohlen, kann es sein, dass er sich in überwältigender Lust und sexueller Erregung verliert.

Schließt Ihr Liebespartner die Augen, atmet er kürzer oder verspannt sich, halten Sie Ihre Aggressivität ein wenig zurück, bis der Gefühlskontakt wieder völlig hergestellt ist. Schauen Sie sich in die Augen. Atmen Sie gemeinsam. Öffnen und entspannen Sie sich und spüren Sie ins Herz des anderen hinein. Warten Sie mit weichem Bauch und vertrauensvollem Herzen, bis Sie beide offen sind und die tiefe Liebe beim jeweils anderen spüren. Wichtig ist dabei, dass Sie sich nicht gegenseitig anmachen oder der Erregung hingeben, sondern lernen, die Tiefe Ihres Liebespartners zu spüren, während Sie ungehindert allen Emotionen Ausdruck verleihen.

In einem zweiten Schritt üben Sie, sich grenzenloser Liebe zu öffnen, auch wenn sich aggressive Emotionen durch Ihren Körper und Ihr Herz bewegen. Schauen Sie Ihrer Liebsten tief in die Augen, als blickten Sie in eine unerschöpfliche Quelle der Liebe. Spüren Sie den Raum ringsum in alle Richtungen, und öffnen Sie Ihre Haut, um ungehindert nach außen zu spüren. Verströmen Sie Liebe aus Ihrem Herzen, nicht nur zu Ihrer Liebespartnerin, sondern zu allen. Machen Sie Liebe mit dem ganzen Augenblick.

Spüren Sie Ihren Liebsten – seine nasse Haut, seine spitzen Zähne, seine weichen Lippen, seine unbändige Energie – und machen Sie dort nicht Halt. Spüren Sie die Wände und die Zimmerdecke, spüren Sie die Autos auf den Straßen in der Ferne, spüren Sie all jene, die vor Ihnen gestorben sind, und all jene, die noch lange leben werden, wenn Sie schon tot sind. Selbst wenn Sie spielerisch mit Ihrem Liebsten raufen, wenn Sie schreien oder beißen oder kratzen, öffnen Sie sich, so weit der Augenblick reicht, und schließen Sie alles mit ein. Jeder Augenblick in seiner Gesamtheit hat die Gestalt des Sich-Öffnens der Liebe.

Sofern Sie derjenige sind, der aggressive Liebe *empfängt*, dann atmen Sie weiter als Ihr Liebespartner, um alles und jeden zu empfangen.

Öffnen Sie sich mit solchem Vertrauen in die Kraft der Liebe, dass Sie von der Stoßkraft des ganzen Augenblicks mitgerissen werden. Spüren Sie die Kraft des Daseins, spüren Sie, wie sich die unendliche Liebe leidenschaftlich ausdehnt und dabei Ihren ganzen Körper erfasst, Ihr Herz durchdringt und Sie offen in die Weite der Unendlichkeit geleitet.

Überfluten Sie in der Rolle dessen, der aggressive Liebe *gibt*, den ganzen Augenblick mit Ihrem Gefühlsbewusstsein wie Wasser, das einen trockenen Schwamm durchdringt, der voller Liebe ungehindert anschwillt und sich strahlend und voller Freude öffnet. Dringen Sie mit Ihrer ganzen Präsenz in den ganzen Moment – und in Ihre Liebste – ein, damit die Liebe überallhin sickern kann, während Sie alles durchdringen und mit dem Atem öffnen.

Diese Sexpraktik ist die Probe für denselben Vorgang des Sich-Öffnens, den Sie Tag und Nacht selbst üben können. Im Laufe der Zeit können Sie lernen, mit oder ohne Ihre Liebespartnerin Liebe zu machen – tief zu empfangen, zu atmen und sich überallhin auszubreiten – und sich dem Augenblick weit offen zu ergeben.

Zur wahren spirituellen und sexuellen Leidenschaft gehört, dass Sie sich so ungezähmt öffnen können, wie auch immer die Liebe es im Augenblick verlangt. Ohrfeigen, Schreie und finstere Wünsche können die Liebe genauso stark beeinflussen wie zarte Küsse, friedliche Stimmungen und Klapse auf den Hintern. Es mag Jahre dauern, bis aus einer Missbrauchbeziehung eine Beziehung wird, in der sich beide Partner respektieren und es sichere Grenzen gibt. Genauso lang müssen Sie vielleicht üben, bevor Sie sich dem ganzen Augenblick ungehindert öffnen können, lebendig als das zarte herzverbundene Spiel der eher aggressiveren Kräfte der Liebe.

25
Leben Sie die Wahrheit Ihres Herzens

Es ist einfacher, die Wahrheit zu kennen, als sie zu spüren, und es ist einfacher, sie zu spüren, als sie zu leben.

Jeder kennt die Wahrheit über irgendetwas. So wissen die meisten Menschen, dass es ungesund ist, zu viel Süßes zu essen. Nur ein Teil derer, die das wissen, spürt die Wahrheit, während er eine Schachtel Kekse futtert. Und ein noch kleinerer Teil von ihnen ändert sein Verhalten ein für alle Mal, weil er die Wahrheit kennt und spürt.

Es ist viel schwieriger, die Wahrheit zu leben, als sie zu spüren oder zu kennen. Am einfachsten ist es, etwas zu wissen. Der Geist ist viel anpassungsfähiger als die Emotionen oder der Körper und daher relativ schnell bereit, sich zu verändern. Sie können etwas hören und wissen sofort, dass das Gehörte wahr ist. Dann können Sie es anderen erzählen. Sie können darüber schreiben. Sie können darauf eine ganze Philosophie begründen. Und doch ändert sich in Ihrem Leben nicht viel. Sie können die Wahrheit kennen – zum Beispiel, dass sportliche Betätigung die Herz-Kreislauf-Tätigkeit verbessert – und dann trotzdem auf Ihrem Hintern sitzen bleiben.

Sobald Ihr Geist die Wahrheit erfasst hat, ändern sich als Nächstes Ihre Emotionen. Oft müssen Sie erst jahrelang leiden, bevor die Wahrheit über einen Sachverhalt so tief in Sie einsickert, dass Ihre Tränen fließen können und Ihre Begeisterung wachsen kann als Reaktion darauf, wie wahr etwas ist. Selbst eine hoch entwickelte emotionale Intelligenz – Ihre Fähigkeit, die Wahrheit hochsensibel und nuanciert zu spüren – reicht für wahres Wachstum nicht aus.

Als letzter Teil von Ihnen wird der Körper durch die Wahrheit transformiert. Da er grobstofflicher ist als Ihr Geist oder Ihre Emotionen, verändert er sich erst ganz zuletzt. Sie werden *wissen*, was Sie tun sollen, und werden *spüren*, dass es wahr ist, noch ehe Sie bereit sind, diese Wahrheit durch Ihren Körper zu *leben*. Sie *wissen* möglicherweise, dass Sie sich weder ein neues Kleid noch eine Reise nach Las Vegas leisten können, Sie mögen *spüren*, dass die Wahrheit Sie nervös macht und Ihnen Unbehagen bereitet, und sind vielleicht trotzdem nicht bereit, die Wahrheit zu *leben* – also knallen Sie Ihre Kreditkarte auf den Tresen und ziehen die Sache wie gewohnt durch, egal, wie viel Gewissensbisse Sie dabei haben. Ihre körperlichen Angewohnheiten – die Dinge, die Sie mechanisch tun – sind die hartnäckigsten, unbeugsamsten und die Letzten, die sich der Wahrheit fügen.

Da Ihr Körper am begriffsstutzigsten ist, wird die Sexualität oft ganz zuletzt von der Wahrheit transformiert. Am Anfang *wissen* Sie, dass Liebe die Basis für Sexualität sein könnte. Dann lernen Sie, Ihren Liebespartner im Strudel der Leidenschaften emotional zu *spüren*. Schließlich lernen Sie, Ihre mechanischen Bewegungsabläufe beim Sex als Liebe zu *leben*.

Selbst in den erotischsten, genüsslichsten oder schmerzhaftesten sexuellen Momenten können Sie lernen, als Liebe zu atmen, sich als Liebe zu winden, als Liebe vorwärtszupreschen, als Liebe zu empfangen und als Liebe zu sprechen. Sex kann bedeuten, dass Sie mit Ihrem ganzen Körper Liebe *tun*. Beim Sex, aber auch zu allen anderen Zeiten, in jedem Augenblick, können Sie Liebe tun, indem Sie sich nach außen öffnen, jeden spüren, den ganzen schmerz- und freudvollen Augenblick einatmen und aus Ihrem Herzen Liebe für alle ausatmen, wenn Sie Ihre mechanischen Handlungsabläufe zu Liebe werden lassen.

Wie ein Marathonläufer können Sie Ihren Körper trainieren, die Strecke als Liebe zu gehen. Wenn Sie müde sind und am liebsten zusammenbrechen möchten, lieben Sie mithilfe Ihrer Atmung und Ihrer Handlungen nur ein paar Minuten länger. Schenken Sie ein Lächeln, reichen Sie jemandem die Hand oder streicheln Sie Ihre Liebste – nur einen Moment länger, als Sie es gewöhnlich tun würden. Bald öffnet sich Ihr Leben immer mehr dafür, Liebe zu tun.

Zügeln Sie den ganzen Tag lang Ihr Tempo und spüren Sie Ihren Herzschlag. Spüren Sie tief in Ihrem Herzen nach der Quelle des Liebesstroms.

Gestatten Sie Ihrem Körper, sich für die Liebe zu öffnen, indem Sie den Bauch weich machen und in Ihr Herz ein- und wieder ausatmen. Schenken Sie allen über Ihre Atmung Ihr tiefes Herz, und lassen Sie die Liebe, wann immer Sie daran denken, durch Ihren Körper strömen.

Wie würde die Liebe Geschirr spülen? Während Sie am Spülbekken stehen, Liebe in Ihr Herz ein- und wieder ausatmen und bis zum Rand des Universums fühlen – wie würde Ihr Körper mit dem seifigen Schwamm über die Oberfläche jedes Tellers schrubben?

Wie können Sie Ihre offene Herzenswahrheit Ihren Mitarbeitern vermitteln, auch wenn Sie nicht einer Meinung mit ihnen sind? Sollen Sie lächeln, Witze erzählen, effizient handeln, sie berühren oder sich zurückziehen und ihnen Raum geben? Üben Sie tagtäglich, Liebe als kunstvolles Geschenk Ihres Körpers aus tiefstem Herzen zum offenen Horizont des Augenblicks hinaus zu entfalten.

Die Wahrheit zu kennen, bringt herzlich wenig; sie zu spüren, ist ein Zeichen von Tiefgründigkeit; was zählt, ist, sie zu leben.

26
Lassen Sie sich ohne Sicherheitsnetz mitreissen

Sich sexuell wirklich zu beschenken,
setzt gegenseitigen Respekt und Ebenbürtigkeit voraus,
geht aber darüber hinaus.

Ganz früher waren Männer Männer und Frauen Frauen – zumindest ging man davon aus. Männer sollten zielgerichtet, beschützend und unerschütterlich, Frauen sollten strahlend, fließend und fürsorglich sein.

Allmählich bekamen die Frauen aus triftigen Gründen das Gefühl, in dieser eingeschränkten weiblichen Rolle eingesperrt zu sein. Sie begannen deshalb, ihre eher männlichen Eigenschaften zu fördern. Sie legten weniger Make-up auf, kleideten sich wie Businessfrauen und lernten, zielgerichteter und entschlossener aufzutreten, um dadurch finanziell und politisch erfolgreicher zu werden.

Bald fingen auch die Männer an, ihr Spektrum zu erweitern, denn sie merkten, dass die Freuden des Lebens an ihnen vorbeigingen. Erfolg bedeutete ihnen nicht mehr alles. Die Männer nahmen ihre weiblichen, lebensbejahenden Eigenschaften an, indem sie ihr Haar wachsen ließen, bunte Kleidung trugen und ihre Sinnlichkeit ohne Scham zeigten. Sie lernten, nicht mehr so zielgerichtet und unnachgiebig zu sein. Stattdessen trommelten sie im Wald und ließen sich von Musik, Tanz und Natur mittragen.

Männer und Frauen gestatteten sich, vollständiger zu sein. Sie akzeptierten ihre inneren männlichen und weiblichen Eigenschaften und bekannten sich dazu. In einer Paarbeziehung wurden jedem Partner Autonomie und Unabhängigkeit zugestanden und diese auch unterstützt. Dies führte zu größerer Ebenbürtigkeit. Die Grundlage für eine neue Art von Beziehung war gegenseitiger Respekt. Alles war in bester Ordnung.

Aber irgendwann fingen erfolgreiche und unabhängige Frauen an, sich über die ganzen Softies zu beklagen: Wo waren die starken Männer, die eine einflussreiche Frau akzeptieren konnten und trotzdem selbst Rückgrat besaßen – und so viel gefährliche Leidenschaft, dass sie diese Frau im Bett mitreißen konnten? Und die Männer stellten irgendwann fest, dass verhärtete Frauen ermüdend waren: Wo waren die Frauen, die erfolgreich sein konnten, ohne Schutzwälle um ihr Herz zu errichten und ihren Körper zu verspannen, wunderbare Frauen, die es auch genießen konnten, ihr Herz hinzugeben?

Aus Machos waren sensible Männer geworden, die um jeden Preis zuverlässig sein wollten, und aus unterwürfigen Hausfrauen waren Karrierefrauen geworden, die eisern ihre Unabhängigkeit verteidigten. Aber Zuverlässigkeit und Unabhängigkeit haben nichts mit Ihren tiefsten Herzenswünschen zu tun.

Wann war Ihr Partner das letzte Mal so zärtlich präsent bei Ihnen, wann begehrte er Sie so entschieden, dass seine Liebe Ihr Herz vor Glück erblühen ließ und Ihr Körper sich ihm völlig hingab? Wann hat Ihre Partnerin mit ihrer wunderbaren Liebe zuletzt Licht in Ihr Leben gebracht und Ihren Körper vertrauensvoll mit ihrem sehnsüchtigen, köstlichen Flehen in Brand gesetzt? Wann hat Ihr Liebespartner, Ihre Liebespartnerin, Sie zuletzt nicht nur als Körper, sondern als Ewigkeit geliebt, verbunden mit Gott, und Sie weiter geöffnet, als Sie sich vorstellen konnten?

Niemand wünscht sich die alten Zeiten zurück, in denen die Geschlechterrollen dem Einzelnen wenig Spielraum ließen. Aber für viele Männer und Frauen ist es Zeit, sich sexuell-spirituell weiterzuentwickeln.

Bei einer autarken Frau bedeutet dies, dass sie es akzeptiert und genießt, sich ohne Sicherheitsvorkehrungen mitreißen zu lassen. Sie übt, sich zu öffnen und hinzugeben, damit die Tiefe ihres Geliebten von ihr Besitz ergreifen kann, während sie sich ihrer Fülle und Macht bewusst ist. Betörend und ganz weit offen übt sie sich darin, die gewaltige

Präsenz des gesamten Augenblicks *bewusst* zu empfangen; sie nimmt *jeden* Augenblick vollkommen in ihren Körper und ihr Herz auf, als empfinge sie einen vertrauten Liebhaber, der leidenschaftliche Stärke besitzt, und ihre Liebe öffnet sich weit wie eine Blüte, die alle Formen und Farben hat.

Sie weiß bereits, dass sie ganz gut für sich selbst sorgen kann. Jetzt kümmert sie sich um alle Facetten der Liebe. Sie liebt die Liebe, und sie öffnet sich gern für die strahlende, kraftvolle Anmut der Liebe. Mit jedem Atemzug gibt sie ihren Körper hin, damit er von der Liebe in Besitz genommen werden, in Bewegung versetzt und leidenschaftlich lebendig und ohne Scham gelebt werden kann – in jedem Augenblick nimmt sie alles und jeden tief in ihr Herz auf und öffnet sich für das gesamte Universum, erstrahlt als jede Farbe der Liebe und tanzt als jede Eigenschaft der Liebe, egal ob ihr Geliebter bei ihr ist oder nicht.

Egal wie erfolgreich sie sein will, sie vergisst nie, dass Leistung ein schmückendes Beiwerk ist, während Liebe ihr Blut ist. Sie übt, sich zu öffnen und jeden Augenblick in ganzer Fülle hinzunehmen. Sie gibt sich hin, um den ganzen Tag als Körper der Liebe bewegt zu werden. Sie tanzt, hat Sex und kommuniziert offen – mit der Natur, der Familie, ihren Freunden. Alles, was ihr Freude bereitet, von ihren Gebeten bis hin zu ihrem Schmuck, offenbart kunstvoll, dass ihr Herz strahlende Liebe ist. Ihre Disziplin besteht in jedem Augenblick darin, sich hinzugeben und alles und jeden in ihren Körper und ihr Herz aufzunehmen, damit die Liebe sie durchdringen und ausfüllen kann.

Der sensible Mann entwickelt sich dahingehend, dass er für die Freiheit der Liebe alles riskiert. Er erkennt, dass Freiheit heißt, nichts zu wissen, für die Tiefe des Herzens offen zu sein und alles zu geben. Deshalb übt er sich darin, immer ganz präsent zu sein, indem er sich mit allem, was er besitzt, offen auf jeden Augenblick einlässt und sanft, aber unnachgiebig seine tiefsten Gaben darbietet – auch wenn ihn normalerweise Angst und Zweifel davon abhalten würden.

Er bietet sich so umfassend dar, dass er sich im Schenken verliert. Da er durch die Welt wie durch Spiegelungen einer Frau in einer Fensterscheibe hindurch sieht, spürt er durch Erscheinungsformen hindurch, öffnet sich ganz und gibt alles. Da er alles spürt und *durch* alles hindurch spürt, durchdringt er Raum, der so dicht ist wie Licht. Er ist in der Lage, jede Situation zu bewältigen, genauso wie er seine Geliebte mit Vertrauen und Gefühl öffnen kann.

Er weiß bereits, wie man sich mit-teilt. Er weiß bereits, wie man zuhört und mit anderen kooperiert. Jetzt lernt er, dass freies Leben nicht heißt, Kompromisse zu schließen *oder* zu tun, was man will. Sondern es bedeutet, alles und jeden zu spüren und sich dem ganzen Augenblick zu öffnen, während er seine tiefsten Gaben gibt, ob er will oder nicht – und egal ob andere das wollen oder nicht.

Mit Schwierigkeiten konfrontiert, besteht er mit der wahren Stärke authentischer Liebe, ohne sich in oberflächliche Nettigkeiten zurückzuziehen. Da er fühlt, dass er mehr zu bieten hat als einen Machopanzer und affektierte Liebenswürdigkeit, schlägt sein entblößtes Herz nach außen zu allem und jedem und öffnet jeden Moment bis ans Ende der Zeit.

In der spirituellen Kultur von heute gibt es eher starr gewordene Frauen und rückgratlose Männer, die sehr effizient und ziemlich vernünftig sind, denen aber die Begeisterung fehlt. Sobald Sie Ihre inneren männlichen und weiblichen Anteile ins Gleichgewicht gebracht haben und unabhängig und vollständig geworden sind, regt sich in Ihnen vielleicht ganz automatisch der Wunsch, über die Grenzen eines Lebens hinauszuwachsen, das Ihnen nur Sicherheit und Komfort bietet.

Wenn Sie einmal tief in sich hineinhören, würden Sie sich dann lieber mit Sicherheit und Behaglichkeit zufriedengeben oder sich so weit öffnen, dass Sie als das schauervoll Übermächtige der Liebe leben – dass Sie manchmal schreien, manchmal kämpfen, immer schutzlos sind, Ihr Herz als kostenloses Geschenk darbieten und Ihr Körper vor der Kraft grenzenloser Liebe erbebt?

27
Geniessen Sie Liebesgefechte

Sie fühlen sich zum Gegenpol
Ihrer sexuellen Energie hingezogen.

Hoffentlich lieben Sie Ihre Freunde und Ihre Familie ebenso wie Ihren Liebespartner. Ihre Intimbeziehung ist nicht wegen der Liebe einzigartig, sondern aufgrund der *männlich-weiblichen Anziehungskraft*.

Jeder Mann und jede Frau verkörpert sowohl männliche als auch weibliche Energien, doch sie sind bei jedem Menschen unterschiedlich verteilt. Diese Verteilung entscheidet über Ihre einzigartigen sexuellen Gaben. Sie hat auch darauf einen Einfluss, wen Sie sexuell attraktiv finden und wer sich zu Ihnen hingezogen fühlt.

Wenn Sie die Wahl hätten, hätten Sie dann lieber Sex mit jemandem, der strahlend lebendig, frisch und saftig ist und sich danach sehnt, sich Ihrer Liebe hinzugeben – oder mit einem zutiefst integeren Menschen, der durch Ihr Herz hindurch sieht und Sie vertrauensvoll, leidenschaftlich und total präsent nehmen will?

Haben Sie eine eher maskuline Essenz, werden Sie sich zu einem eher femininen Liebespartner hingezogen fühlen. *Das Weibliche ist Licht*, das sich wie *Liebe* anfühlt und wie alles *Leben* leuchtet. Ein femininer Liebespartner wird strahlen und voller Lebensenergie sein und sich danach sehnen, sich der Liebe zu öffnen und Ihre tiefe Liebe zu empfangen. Das Lächeln eines femininen Liebespartners kann Licht in Ihr Leben bringen und Ihrem Herzen Flügel verleihen.

Ein femininer Liebespartner wird auch mal etwas sagen, das er nicht so meint, und seine Launen ändern sich wie das Wetter. Die weibliche Kraft ist so stark, fließend und unvorhersehbar wie Mutter Natur selbst; sie hält sich nicht an die klaren Vorgaben der Vernunft und der Verantwortlichkeit. Die meisten Frauen und ein paar Männer haben eine eher *feminine sexuelle Essenz*.

Ist Ihre sexuelle Essenz eher feminin, wird es Sie zu einem eher männlichen Liebespartner ziehen. *Das Maskuline ist Bewusstsein*, das sich als tiefe, durchdringende *Präsenz* zeigt. Ein maskuliner Liebespartner wird fähig sein, Sie mit liebevoller Intensität und Tiefe zu „nehmen" und mitzureißen. Ein maskuliner Liebespartner kann Sie weit öffnen und das Wesentliche eines Augenblicks humorvoll offenbaren.

Ein maskuliner Liebespartner wird auch emotional unflexibel sein, das heißt, er wird Ihren Gefühlen relativ wenig Aufmerksamkeit schenken und sich viel mehr seiner Lebensaufgabe als der Nähe zu Ihnen widmen. Dem Maskulinen ist es wichtiger, ein Ziel zu haben, als zu wissen, wer ihn auf dem Weg dorthin begleitet. Die meisten Männer und ein paar Frauen haben eine eher *maskuline sexuelle Essenz*.

Bei manchen Männern und Frauen ist die sexuelle Essenz genau ausgewogen (obwohl viele Menschen irrtümlich glauben, sie hätten eine *ausgewogene sexuelle Essenz*, weil sie ihre Sexualität mit zahlreichen oberflächlichen Gewohnheiten unterdrücken). Wenn Ihre tiefe sexuelle Essenz wirklich ausgewogen ist, werden Sie vor allem von einem Liebespartner angezogen werden, der ebenso groß und gleich stark ist wie Sie – Sie werden sehr wenig Verlangen danach haben, von einem maskulinen Liebhaber leidenschaftlich genommen zu werden, und sehr wenig Lust, Ihren femininen Liebespartner abrupt und aggressiv zu nehmen.

Wenn Sie aber wie die meisten hetero- oder homosexuellen Menschen sind, haben Sie *keine* ausgewogene sexuelle Essenz. Zwar besitzt jeder männliche und weibliche Merkmale – vor allem an der Oberfläche –, aber tief im Innern, da wo Ihre heimlichen sexuellen Wünsche verborgen sind, ist Ihre sexuelle Essenz vermutlich eindeutig eher maskulin oder feminin. Tief drinnen wünschen Sie sich wahrscheinlich, Ihren Liebespartner sexuell mitzureißen oder von ihm oder ihr mitgerissen zu werden, ganz gleich, ob Sie in Ihrem Leben jemals die Gelegenheit zu einem so tief gehenden Liebesspiel haben.

Da sich Maskulines und Feminines gegenseitig wie Magnete anziehen, werden Sie eine Liebespartnerin anziehen, deren Essenz umgekehrt zu der Ihren ist, eine Liebespartnerin, die insgeheim das nehmen möchte, was Sie gern geben, eine, die das geben möchte, was Sie gern nehmen möchten. Aber von außen betrachtet kann es sein, dass Ihre Unterschiede Sie verrückt machen.

Darin liegt die köstliche Qual, das „Liebesgefecht" einer Intimbeziehung: Ein Liebespartner, der Sie sexuell wirklich tief im Herzen anmacht, wird Sie in eher unbedeutenden Momenten auch wirklich frustrieren. Wenn Sie eine feminine sexuelle Essenz haben, werden das tiefe Vertrauen und die Integrität Ihres maskulinen Liebespartners Sie in Fahrt bringen, es sei denn, er walzt Ihre Gefühle platt und bekrittelt alles, was Sie in einem Konfliktmoment sagen. Wenn Sie eine maskuline Essenz haben, werden das spontane Lachen und die geschmeidige sexuelle Reizbarkeit Ihrer femininen Liebespartnerin Sie antörnen, es sei denn, sie wird aus unerklärlichen Gründen hysterisch und lässt plötzlich den Rollladen herunter.

In Momenten tiefer Verbundenheit öffnen sich das Maskuline und das Feminine als einzigartige Gabe – zwei Facetten eines Juwels. Aber in eher belanglosen Momenten sind ihre äußerlichen Unterschiede oft unvereinbar. Wenn es beispielsweise darum geht, etwas verbal zu kommunizieren, will die maskuline Seite das Problem verstehen und zur Sache kommen: Sie hofft, dass sich ein Gespräch relativ direkt von A über B nach C bewegt, so dass am Ende eine Lösung oder eine Abmachung zustande kommt, mit der beide Seiten einverstanden sind. Die feminine Seite liebt Gespräche genauso wie Tanz. Für sie ist es ein Weg, sich gefühlsmäßig zu verbinden, gemeinsam dahinzutreiben und die Strömungen gemeinsam erlebter Energie zu genießen.

Bei den meisten Paaren frustriert den eher maskulinen Partner irgendwann das Geplapper des femininen Partners, der ziellos ununterbrochen weiterredet. Hingegen ist der eher feminine Partner von der starren Zielstrebigkeit und der Besserwisserei des maskulinen Partners frustriert.

Wie können Sie sich trotz Ihrer sexuellen Unterschiede als Tore zu tieferer Einheit öffnen und lieben? Wie lassen sich frustrierende Momente öffnen, damit die tieferen Gaben offenbart werden?

Machen Sie zuerst eine Bestandsaufnahme Ihres Sexualverhaltens: Verleugnen Sie Ihre *sehnlichsten* Herzenswünsche oft zugunsten einer vorgetäuschten Harmonie und Ebenbürtigkeit? Hin und wieder ist es therapeutisch sinnvoll, Ihrem Liebespartner Raum für alles zu geben, was er und wie er etwas sagen will. Ebenbürtigkeit kann zu gegenseitigem Verständnis beitragen und Ihnen das Gefühl vermitteln, unterstützt zu werden. Aber sie verhindert jenes von Herzen ersehnte Mitgerissenwerden, das meistens ein ganz tief verborgener intimer Wunsch ist.

Wenn die Ebenbürtigkeit nicht mehr in Frage gestellt wird, wenn Sie sich verstanden und unterstützt fühlen, ist es Zeit, tiefer zu gehen. Dort werden Sie den Schlüssel finden, um die Kunst des sexuellen Beschenkens zu praktizieren.

Tief in Ihrem Inneren werden Sie ein einzigartiges Begehren entdekken, das für die Liebe weit offen ist, frei wie grenzenloses Bewusstsein, unerschrocken lebendig als spontanes Geschenk. Statt zur Befriedigung Ihrer eher oberflächlichen Bedürfnisse Kompromisse zu schließen, können Sie üben, sich mit Ihrem Liebespartner als *ein* Herz tief zu öffnen – ganz lebendig und grenzenlos wie das offene Lichtspektrum des Augenblicks.

Wenn Ihre feminine Liebespartnerin zusammenhanglos über dieses und jenes redet, schenken Sie ihr Ihre tiefe, unnachgiebige Präsenz. Ohne sich abzuwenden oder gefühllos zu werden, durchdringen Sie ihr Herz, indem Sie ihr Ihre ungeteilte Präsenz schenken. Atmen und bewegen Sie sich und schauen Sie sich in die Augen, als wäre dies der letzte Moment Ihres gemeinsamen Lebens.

Wenn Ihr maskuliner Liebespartner das Leben auf Probleme, Lösungen und Projekte reduziert hat, überwältigen Sie ihn mit Ihrer femininen Kraft. Ertränken Sie den Körper Ihres Liebsten wie ein Monsun, wie ein Ozean nassen Lichts in der Lust; tauchen Sie ihn in die tiefen Wasser der Liebe ein, aus denen es kein Entrinnen gibt.

Tiefe Intimität heißt weder, das zu bekommen, was Sie wollen, noch die Ebenbürtigkeit zu gefährden, sondern es bedeutet, die tiefsten Gaben Ihrer sexuellen Essenz zu *geben*. Nehmen Sie Ihr oberflächliches maskulines Bedürfnis, ein Problem zu lösen, oder Ihr oberflächliches feminines Bedürfnis, sich emotional mit dem Partner zu verbinden, zur Kenntnis, schenken Sie im Gegenzug Ihr tiefstes Herz und öffnen Sie sich weit für den ganzen Augenblick.

Schenken Sie als der maskuline Partner Ihrer Geliebten Ihr tiefes, ungeteiltes Bewusstsein, und öffnen Sie sie durch und durch. Zeigen Sie als die feminine Partnerin, dass Ihr ganzer Körper als Gabe der Liebe lebendig ist, und laden Sie Ihren Geliebten weit offen ein. Bieten Sie Ihre tiefen sexuellen Gaben dar, indem Sie ihm Ihr Begehren von Herz zu Herz, von Lenden zu Lenden, von Auge zu Auge gestehen – in inniger Umarmung und mit einem dankbaren Lächeln:

Er: „Ich bin Bewusstsein, und du gehörst mir, mein strahlendes Miststück!"

Sie: „Ich bin Licht. Nimm mich ... wenn du dich traust!"

Während Sie und Ihre Geliebte weit offen sind und verschmelzen, genießen Sie die Wahrheit, die Ihrem scheinbaren Spiel zugrunde liegt: Die Präsenz liebt das Strahlen, das Strahlen liebt die Präsenz. Wenn Sie sich als feminines Licht beziehungsweise als maskulines Bewusstsein zeigen, verliert jeder Augenblick seine Spannung und öffnet sich für ein einziges bewusstes Licht. Spielen Sie als Liebespaar humorvoll mit Ihren offensichtlichen Unterschieden, indem Sie sich als eins öffnen und als zwei lieben.

28
Reissen Sie den Schutzwall um Ihre Sexualität ein

Wahrscheinlich liegen Schichten aus Angst, Verletzungen und Wut um die Gaben Ihrer tiefen sexuellen Essenz.

Sind Sie fähig, Liebe offen über Ihren Körper zu geben und zu empfangen? Reagiert Ihr Fleisch auf Sex mit unverhohlenen Lustschauern? Verschafft sich Ihr tiefes Herz durch Betteln, Stöhnen und Befehlen ekstatisch Ausdruck? Sind Sie fähig, sich Ihrem Liebespartner völlig als Geschenk hinzugeben, indem Sie sich gemeinsam mit ihm leidenschaftlich und grenzenlos der Liebe öffnen?

Vielleicht erreichen Ihre tiefsten sexuellen Geschenke den Partner nicht, weil Sie die Wahrheit Ihres tiefen Begehrens noch nicht verstanden haben. Was ist Ihr größter Wunsch im Leben? Was möchten Sie wirklich fühlen, bekommen oder geben? Welche Aussichten motivieren Sie emotional am meisten?

Ist Ihre sexuelle Essenz eher maskulin, dann wird Ihr Leben in erster Linie von dem Wunsch bestimmt, *frei* zu sein.

Ist Ihre sexuelle Essenz eher feminin, dann sehnt sich Ihr Herz in erster Linie nach *Liebe*.

Jeder Mensch möchte mehr Freiheit *und* Liebe haben – und wenn Ihr Herz so offen ist, dass Sie bis zur Unendlichkeit fühlen können, *ist* Freiheit Liebe –, doch wie Ihr Lebensdrama sich gestaltet, hängt von Ihrer sexuellen Essenz ab. Was weckt mehr Emotionen in Ihnen – das Bedürfnis, erfolgreich zu sein, oder der schmerzliche Wunsch nach Liebe?

Wenn Sie nicht sicher sind, was Sie sich mehr wünschen – Freiheit oder Liebe –, gehören Sie vielleicht zu den wenigen Menschen mit einer ausgewogenen sexuellen Essenz. Ist Ihre sexuelle Essenz ausgewogen – das heißt, männliche und weibliche Energien sind ausgeglichen –, dann haben Sie genauso viel Freude an Boxkämpfen wie an Liebesgeschichten. Sie reagieren gleichmütig auf Börsenfluktuationen und die schwankende Aufmerksamkeit Ihres Geliebten. Sexmagazine mit Artikeln über politische Strategien und Angeltipps interessieren Sie genauso wie Magazine mit den neuesten Modetrends, Beiträgen zum Thema Innendekoration und der Frage, wie man die Leidenschaft in der Ehe retten kann.

Gehören Sie jedoch zur Mehrheit der Menschen mit eher maskuliner oder eher femininer sexueller Essenz, dann gehen Ihnen entweder Freiheitskämpfe oder Liebesdramen nahe. Tief im Innern wünschen Sie sich einen Sexualpartner, der sich gern von Ihnen mitreißen lässt, oder einen, der Sie nimmt, in Trance versetzt und so mitreißt, dass Sie überfließen. Ein Partner, der genauso stark ist wie Sie – dem Sie beim Ringen ebenbürtig sind –, macht Sie nicht besonders an; sexuell begehren Sie am stärksten jemanden, der Sie liebevoll „nehmen" kann oder sich liebevoll ergibt und „nehmen" lässt. Eigentlich ist dieses Spiel liebevoller Hingabe der Kern Ihrer tiefsten sexuellen Wünsche.

Wenn Sie so wie die meisten Menschen veranlagt sind, wissen Sie tief im Innern, was Sie wollen, aber auf der Oberfläche mag es so aussehen, als seien in Ihrem Alltag Konflikte und Verwirrung an der Tagesordnung. Sie möchten unbändige sexuelle Leidenschaft genießen, setzen aber für ein gutes Einkommen Ihren Körper den ganzen Tag unter Druck und verleugnen Ihr Herz. Manchmal verspüren Sie das drängende männliche Bedürfnis, Ihre Grenzen zu erweitern und die Freiheit des Erfolgs zu erleben – oft auf Kosten Ihres Liebeslebens. Dann wieder haben Sie das Gefühl, die Fülle des weiblichen Liebeslichts in Ihnen bringe Sie zum Bersten – oder Sie sind niedergeschlagen, weil Ihnen genau das fehlt, und schaffen es nicht, Ihr Leben wieder auf die Reihe zu kriegen und Ihre Ziele zu erreichen.

Wie kommt es zu dieser Verwirrung? Warum kommt es Ihnen manchmal so vor, als sei Ihr Berufs- oder Intimleben leer oder leidenschaftslos? Was ist mit Ihren tiefsten sexuellen Gaben geschehen? Was hält Sie davon ab, die wahre Leidenschaft Ihres Lebens, Ihren tiefsten Lebenssinn zu erkennen?

Ein wichtiger Hinweis zur Beantwortung dieser Fragen: Vielleicht sind Sie in Ihrer Sexualität gehemmt. Vielleicht haben Sie Ihre tiefe sexuelle Essenz mit Schichten oberflächlicher sexueller Energie umgeben. Vielleicht haben Sie den Kontakt zu Ihren tiefsten Herzenswünschen – dem eigentlichen Sinn Ihres Lebens – verloren, weil sich Schichten geistloser Energie um Ihr Herz gelegt und es eingeschlossen haben. Wie, so fragen Sie sich, sind diese Schichten in Ihrer Kindheit entstanden?

Angenommen, Sie kommen als Junge oder Mädchen mit einer ausgeprägten *femininen* sexuellen Essenz zur Welt. Das Weibliche ist die Lebenskraft, die Macht von Mutter Natur, das Licht, das als die Welt leuchtet. Das Gefühl, das diesem Licht entspricht, ist Liebe, und jeder neue Liebespartner leuchtet wie eine strahlende Morgendämmerung. Wenn Sie für Ihre weibliche Energie offen sind, bewegen und fühlen Sie sich wie die Natur. Manchmal sind Sie lebendig wie ein sonniger Tag, dann wieder wie ein entfesselter Monsun. Aber immer werden Sie von Liebe gelebt oder sehnen sich danach. Denn im Grunde *sind* Sie Liebe – auch wenn Sie sich ihr verschließen. Entweder strahlen Sie mit dem Licht der Liebe oder möchten es gern. So ist das Weibliche.

Wenn Sie mit einer femininen sexuellen Essenz geboren sind, dann spielen Sie als Kind gern als Liebe und Licht. Sie öffnen sich als von Herzen kommendes Fließen, während Sie mit Welpen und Puppen kommunizieren. Sie zeigen Ihr Strahlen gern in verschiedenen Facetten, wenn Sie sich mit glitzernden Farben, schillernden Kleidern und funkelnden Edelsteinen schmücken. Sie möchten als Liebeslicht gesehen und gefühlt werden, denn das ist Ihre Essenz.

Angenommen, ein paar Jahre nach Ihrer Geburt kommt Ihre kleine Schwester zur Welt. Ihre Eltern finden sie hübscher als Sie. Sie ist die *Niedliche* und Sie sind jetzt diejenige, die es *zu etwas bringt*. An Weihnachten bekommt Ihre kleine Schwester das paillettenbesetzte Ballettröckchen und Sie das Mikroskop. Obwohl Sie Mikroskope mögen, fühlen Sie sich trotzdem am Boden zerstört. Ihre Schwester bekommt die Armreifen und Haarbänder und Sie das Nachschlagewerk. Sie lesen zwar gern, fühlen sich aber trotzdem so, als hätte man auf Ihrem Herzen herumgetrampelt. Auch wenn Sie klug sind, möchten Sie, dass Ihr Liebeslicht wahrgenommen und gewürdigt wird.

Ihre Eltern nehmen Sie beiseite und versichern Ihnen: „Deine Schwester ist zwar hübsch, aber du hast Größeres vor. Hübschsein ist nur oberflächlich, aber du hast ein *Ziel* im Leben."

„Ja", reden Sie sich ein, während Sie neidisch mit ansehen, wie Ihre Schwester mit ihrem Röckchen und den Armreifen herumhüpft und Freude ins Haus bringt, „ich habe ein *Ziel*." Ihr feminines Herz, Ihr leuchtendes Licht der Liebe, wartet sehnsüchtig darauf, gesehen zu werden. Also wappnen Sie sich gegen den Schmerz, unsichtbar zu sein, und beginnen, sich mit Ihrer maskulinen Seite, Ihrer Zielgerichtetheit zu identifizieren.

Die maskuline Seite strebt eher nach dem tiefen Sinn oder einer Mission, nach Ausbrechen und Erfolg, statt sich zu öffnen und als das Strahlen tiefer Liebe zu fließen. Jeder freut sich über freies Bewusstsein *und* strahlende Liebe, aber Ihre wahre sexuelle Erfüllung hängt von den tiefsten Wünschen Ihrer einzigartigen sexuellen Essenz ab.

Da die ganze Aufmerksamkeit Ihrer kleinen Schwester gilt, weil sie die Strahlende ist, bekommt Ihr Herz einen Riss. Niemand sieht Ihr Licht. Das tut Ihnen weh. Um sich gegen diese Verletzung zu wappnen, beginnen Sie, sich mit Ihrer maskulinen Zielgerichtetheit zu identifizieren: „Ich werde einmal Wissenschaftlerin." Es ist eine Sache, eine bestimmte berufliche Laufbahn einzuschlagen, weil man die Wissenschaft liebt; etwas ganz anderes ist es, als Reaktion auf eine Verletzung – sozusagen als schützende Hülle für ein am Boden zerstörtes Herz – eine bestimmte Richtung im Leben zu verfolgen.

In den folgenden Jahren bauen Sie eine Schale aus dünner maskuliner Zielgerichtetheit um Ihre tief verwundete feminine Essenz auf. Sie sinnen auf Rache. Gehässig sagen Sie zu Ihrer Schwester: „Du bist schön ... schön blöd!" Heimlich sehnen Sie sich danach, dass die anderen das schöne Strahlen Ihres Herzens erkennen, aber nach außen hin verachten Sie „oberflächliche Frauen", denen die Zielgerichtetheit fehlt.

Am Gymnasium sind Sie das Mädchen, das „höchstwahrscheinlich Erfolg haben wird". Alles an Ihnen – Ihr Gang, Ihre Sprechweise und

Ihre Kleidung – ist gefärbt von der Hülle maskuliner „Ich-habe-ein-Ziel"-Energie, die Ihr liebendes, strahlendes, zerschmettertes Herz umgibt. Irgendwann fällt Ihnen auf, dass die Jungs sich zu Ihnen nicht so stark hingezogen fühlen wie zu den strahlenden Mädchen, den Cheerleadern und den Mädels mit den Pompons, den energiegeladenen und lebhaften Mädchen. Sie wollen von Jungen begehrt werden, und so entsteht Ihre nächste Schale.

Sie fangen an, das feminine Strahlen der attraktiven Mädchen zu imitieren. Sie benutzen denselben glänzenden Lippenstift wie sie. Sie kaufen dieselben körperbetonenden Jeans. Sie prüfen Ihren Hintern im Spiegel, bevor Sie zur Schule gehen, und lernen, so zu gehen und zu posieren wie die beliebten Mädchen. Dies ist nicht der natürliche Ausdruck Ihres tiefen femininen Lichts, vielmehr imitieren Sie aufgrund Ihrer Bedürftigkeit eine oberflächliche Facette weiblicher Zurschaustellung.

Jetzt tragen Sie eine von Körper und Figur besessene feminine Schale um eine von Zielen besessene maskuline Schale um Ihr zerschmettertes, Liebeslicht ausstrahlendes Herz. Welche Jungen auf Ihrer Schule werden Sie anziehen? Da sexuelle Energien immer ihren Gegenpol anziehen, werden Sie einen Jungen mit einer maskulinen Schale anziehen, die von einer dünnen femininen Schale umgeben ist, unter der sich wiederum eine verwundete, wahrhaft zielgerichtete, tiefe maskuline Essenz verbirgt.

Stellen Sie sich vor, Sie wären so ein Junge. In Ihrer Kindheit setzt man Ihre tiefe *maskuline* sexuelle Essenz mit Entschlossenheit, Zielgerichtetheit und Freiheitssuche in herausfordernden Situationen gleich. Ihre Eltern mahnen Sie, aufzupassen, damit Sie nicht von der Gartenmauer herunterfallen – also suchen Sie die Herausforderung, indem Sie genau an der Kante entlanggehen. Ihre Freunde können von einem zwei Meter hohen Dach springen – also versuchen Sie, von einem drei Meter hohen zu springen. Da Sie mit dem Maskulinen identifiziert werden, möchten Sie gern wegen Ihrer Zielgerichtetheit und Ihrer Fähigkeit, Grenzen zur Freiheit zu durchbrechen, anerkannt werden.

Aber angenommen, Ihr Vater ist Alkoholiker und neigt dazu, Sie zu misshandeln. Wenn Sie Ihre Meinung vertreten, schlägt er Sie. Sie wollen abends früher vom Esstisch aufstehen und mit einem Freund spielen, aber Ihr Vater verdrischt Sie und brüllt: „Das ist mein Haus und du tust, was ich sage, sonst passiert was!" Jedes Mal, wenn Sie über Ihre Ansichten, Ihre Visionen oder Ihre Ziele sprechen, werden Sie geschlagen oder angeschrieen.

Um dem Schmerz der Verletzung aus dem Weg zu gehen, lernen Sie irgendwann, Ihre Zielgerichtetheit zu unterdrücken. Sie lernen, für die Launen Ihres Vaters überaus sensibel zu werden. Sie lernen, ihn zu umfließen, damit Sie nicht dabei draufgehen. Mit anderen Worten: Sie legen sich eine feminine Schale um Ihre tiefe maskuline Essenz zu.

Aus Angst lernen Sie, sich anzupassen. Das ist nicht Ihre gesunde feminine Offenheit für die Liebe. Das ist nicht Ihre natürliche feminine Sensibilität für Lebenskraft und Energie, sondern eine Schutzhülle, die Ihre tiefe sexuelle Essenz umgibt. Sie zeigen Ihre ureigenste maskuline Zielgerichtetheit nicht mehr und haben sich eine Schutzhülle femininer Fürsorglichkeit und Angepasstheit zugelegt.

„Natürlich, Papa. Ich hab dich lieb, Papa." Aber die Stärke Ihrer tiefen sexuellen Essenz lässt nach. Ihr verleugnetes maskulines Herz wird schwach und hohl. Sie haben gelernt, sich der Entschlossenheit Ihres Vaters anzupassen, dabei aber den Kontakt zu Ihrer eigenen Entschlossenheit verloren.

Im Gymnasium stellen Sie fest, dass die fürsorglichen angepassten Jungen für Mädchen nicht so attraktiv sind wie die forschen, zielgerichteten Macho-Typen. Anscheinend zieht es die Mädchen zu den „bösen Buben", den Football-Quarterbacks und dem selbstbewussten Klassensprecher. Also kaufen Sie sich dieselben Zigaretten, die die knallharten Typen rauchen, und üben, sie mit Macho-Gehabe zu paffen. Sie lernen, so zu gehen und zu sprechen, als wüssten Sie, wohin Sie gehen. Sie lernen, Selbstvertrauen vorzutäuschen, obwohl Sie tief im Innern verschreckt sind und sich verloren fühlen.

Und so fühlt sich der Junge mit einer tiefen, aber verwundeten maskulinen Essenz, über der eine feminine Schale der Angepasstheit liegt, die wiederum von einer forschen maskulinen Schale überdeckt wird, automatisch angezogen von dem Mädchen mit der tiefen, aber zerstörten femininen Essenz, die von einer forschen maskulinen Schale verdeckt wird, die wiederum von einer angepassten femininen Schale umgeben ist.

Gegensätze ziehen sich immer an, Schicht für Schicht. Nach außen hin reckt er die Brust und sie wackelt mit dem Hintern. Unter der Oberfläche vermeidet er aber tunlichst jegliche Konfrontation mit ihr und lässt sie das Ziel vorgeben. Ihr hingegen fällt wieder ein, dass es wichtiger ist, zu wissen, wer sie ist und wohin sie geht, als attraktiv zu sein. Im Grunde wird er immer unentschlossener und Ihr tiefes Liebeslicht hat den brennenden Wunsch, erkannt und umsorgt zu werden.

Wenn die beiden heiraten, gehen ihre Schalen eine verworrene Verbindung ein. Die eingesperrte sexuelle Essenz der beiden bleibt unberührt, doch ihre Schalen fühlen sich abwechselnd gebraucht und dann wieder zurückgewiesen. Sie will, dass er mehr Geld verdient und mehr Entscheidungen trifft, oder sie gibt auf und hofft, dies selbst zu erreichen. Er will, dass sie mehr Spaß am Sex hat, oder er gibt auf und hofft, das Gesuchte bei einer Geliebten zu finden. Sie kann seine Angst vor einer Konfrontation spüren und verliert ihr Vertrauen in ihn. Er kann spüren, dass sie ihm nicht mehr vertraut, dass ihr Körper sich verspannt und sie ihr Herz schützt, und begehrt sie deshalb nicht mehr. Irgendwann lassen sie sich scheiden.

Abgelehnt und allein gelassen legt sie sich jetzt *noch eine* Schutzhülle zu: „Für mich sind Beziehungen nur noch zweitrangig, ich will meine eigene Karriere aufbauen. Ich werde mich niemals von einem Mann abhängig machen!“ Es mag zwar vernünftig sein, dass sich jeder eine eigene Karriere aufbaut, aber wenn man es aus Angst tut, weil man sein Herz schützen will, dann ist das ein deutlicher Hinweis darauf, dass hier eine maskuline Schale agiert.

Auch er umgibt seine eingesperrte Essenz mit einer weiteren Schale: „Ich habe Jahrzehnte meines Lebens einfach vergeudet, um Ehefrau und Familie zu unterstützen, und meine eigentlichen Wünsche immer hintangestellt. Jetzt will ich mein Leben endlich genießen. Ich werde verreisen – dorthin, wo es schön ist, Bali oder Hawaii – und mich einfach treiben lassen. Ich werde spontan leben. Wenn ich eine Frau kennenlerne, die mir gefällt, bleibe ich mit ihr so lange zusammen, wie es mir dabei gut geht, und dann ziehe ich weiter, egal wohin.“

Entspräche seine Spontaneität seinem innigsten Herzenswunsch, dann wäre sie gesund und frisch, ein Ausdruck lebendiger Liebe. Aber in diesem Fall ist sein Bedürfnis, zu fließen und nie stillzustehen, eine Strategie zur Vermeidung von Tiefe, Zielgerichtetheit und Verpflichtung – eine Schale eben.

Aus ihm wird ein sensibler, nachgiebiger Mann, der sich gern amüsiert, unentschlossen ist und den tieferen Sinn seines Lebens vollkommen aus den Augen verloren hat. Aus ihr hingegen wird eine sehr erfolgreiche Frau mit klaren Zielen, deren Herz hinter verschlossenen Türen von Sehnsucht gequält wird. Aufgrund ihrer gegensätzlichen Schalen ziehen sich solche nachgiebigen Männer und zielgerichteten Frauen natürlich an und kommen zusammen, nur um dann erneut enttäuscht zu werden.

Ihre tiefe sexuelle Essenz mag eher maskulin, eher feminin oder ausgewogen sein. Fangen Sie an, sich für ihre Tiefe zu öffnen, indem Sie sich zuerst Ihre *tiefsten* Wünsche eingestehen. Treibt Sie im Grunde Ihres Herzens eher die Suche nach Freiheit oder die Suche nach Liebe an? Bewegt es Sie mehr, wenn Ihr Liebespartner Ihrer Entschlossenheit vertraut oder von Ihrem Strahlen schwärmt? Oder ist das alles irgendwie dasselbe?

Stellen Sie sich vor, Sie sind im Bett mit Ihrer Liebsten, die ziemlich erfolgreich und autark ist. Sie blickt Ihnen schmachtend in die Augen und sagt: „Ich werde alles tun, was du von mir verlangst. Ich will mich öffnen und mich dir hingeben, damit du mich so nehmen kannst, wie du es möchtest. Ich werde dir überallhin folgen." Macht es Sie an, wenn Ihr Liebespartner Ihrer tiefen Integrität so sehr vertraut, dass er oder sie bereit ist, sich Ihnen völlig zu ergeben? Wenn ja, dann haben Sie eine eher maskuline sexuelle Essenz. Das Vertrauen Ihres Liebespartners in Ihre tiefe Integrität und Entschlossenheit bringt Sie in Fahrt.

Stellen Sie sich nun vor, Ihr Partner sieht Sie begehrlich an und gerät in inbrünstiges Schwärmen: „Du bist so wunderschön, ich liebe dich so sehr. Ich will dich. Ich will jeden Teil von dir in Besitz nehmen." Törnt Sie das an? Törnt es Sie an, dass Ihr Partner Ihre wahre Schönheit sieht, Sie besitzen, in die Pracht Ihres offenen Strahlens eintauchen und die entlegensten Gemächer Ihres Herzens betreten will? Wenn ja, dann haben Sie eine eher feminine sexuelle Essenz. Es törnt Sie an, wenn Ihr Liebespartner richtig von Ihnen schwärmt und Ihr tiefstes Liebeslicht leidenschaftlich begehrt.

Natürlich kann es sein, dass Ihre oberflächlichen Schalen im Augenblick mehr Gewicht haben als Ihre tiefsten Wünsche. Mag sein, dass Sie verwirrt oder innerlich gespalten sind. Ihre zahlreichen Schutzwälle und unterschiedlichen sexuellen Verteidigungsmechanismen könnten genau den Handlungen entgegenwirken, durch die sich Ihre tiefe sexuelle Essenz ganz öffnen könnte, damit Sie Ihrem Liebespartner und der Welt irgendwann Ihre tiefsten Gaben schenken können.

Egal wie viele Schutzhüllen Sie haben, ob Sie ein Mann oder eine Frau sind – wenn Sie tief im Innern eine *maskuline* sexuelle Essenz haben, dann werden Sie sich nur dann frei fühlen, wenn Sie *das sehnlichste Ziel Ihres Herzens entdecken und Ihre Lebensaufgabe und Ihre Beziehungen mit Ihrer tiefsten Integrität in Einklang bringen*. Im Lauf der Zeit werden Sie immer besser erkennen, dass es nur ein Ziel gibt: sich zu öffnen.

Wenn Sie eine feminine sexuelle Essenz haben, werden Sie die Liebe, von der Sie wissen, dass sie möglich ist, nur dann spüren, wenn Sie *Ihren Körper offen hingeben, um Liebe zu geben und zu empfangen, und Ihr strahlendes Herz ungeschützt darbieten*. Wenn sich dann die Macht der Liebe durch Ihr Leben entfaltet, öffnet sich Ihre Sehnsucht ganz für die Liebe, die als alles und jeder lebendig ist.

Was möchten Sie am liebsten geben? Was wollten Sie schon immer geben, obwohl Sie eine falsche Rolle spielen? Geben Sie zu, dass Sie sich schützen; haben Sie den Mut, Ihre sorgsam aufgebauten Hüllen abzuwerfen, und bieten Sie die Lebensaufgabe oder das Liebeslicht, das Sie schon immer geben wollten, von Herzen dar. Geben Sie Ihre Integrität, Ihre Liebe, Ihre Gaben, und zwar *ganz*. Öffnen Sie sich so weit, dass Ihr klares Ziel unaufhaltsam ist und Ihre Liebe in voller Pracht erstrahlen kann. Leben Sie frei, lieben Sie ganz, und sterben Sie ohne Schalen.

29
Geben Sie sich nicht mit Erfüllung zufrieden

Wenn ein Augenblick besonders wundersam scheint, öffnen Sie sich durch ihn für Ihre tiefste Wahrheit.

Einige Menschen haben dank eines Millionengewinns im Lotto oder der Verleihung eines Nobelpreises die ekstatische Freude erleben dürfen, dass ihre kühnsten Träume wahr wurden. Viele Mütter haben, überwältigt vom Glück unvorstellbarer Liebe, ihr Neugeborenes an die Brust gedrückt. Durch solche Augenblicke wird das Leben erst recht zu einer Enttäuschung.

Das Göttlich-Männliche in Ihnen ist unendliches Bewusstsein. Wenn Sie den Kontakt zu ihm verlieren, suchen Sie die Unendlichkeit innerhalb Ihres begrenzten Lebens: Ihres Bankkontos, Ihres Ruhmes, Ihrer Leistungen. Anscheinend beschert Ihnen alles, was Ihnen auch nur den Hauch von Freiheit und völliger Sorglosigkeit vermittelt – ein Tor, eine Ejakulation oder ein großartiger beruflicher Erfolg –, ein nahezu heiliges Glück.

Das Göttlich-Weibliche in Ihnen ist die Lebenskraft, die im Überfluss vorhandene Energie beziehungsweise das Licht der Liebe. Wenn Sie die Verbindung zu ihr verlieren, suchen Sie die Fülle des Glücks mithilfe Ihres Körpers, Ihrer Sinne, Ihrer Beziehungen. Alles, was Sie in der Fülle der Liebe überwältigt – von Ihren Kindern bis hin zum Sex oder Ihrer Lieblingsschokolade –, kann nahezu göttlich erscheinen.

Jeder Moment ist eine Gelegenheit, sich für Ihre wahre göttliche Natur zu öffnen, die unendliches Bewusstsein und freigebige Liebe ist. Doch die meisten Menschen verlieren den Kontakt zu ihrer tiefsten Offenheit. Sobald sie einen Mangel verspüren, sind sie eifrig bemüht, ihr brennendes Verlangen zu stillen. Sie huldigen Ersatzobjekten. Das Männliche verehrt Leistung, Verstand und Erfolg, während das Weibliche sich oft mit engelsgleichen Kindern, himmlischen Stoffen, köstlichen Aromen und Beziehungen umgibt, die Liebe versprechen.

Zweitrangige Ersatzdrogen wie Sport und Einkaufen bergen ein gewaltiges Suchtpotenzial; edlere Ersatzdrogen haben oft ein sehr großes Illusionspotenzial. Eltern können ihre Kinder jahrzehntelang mit Hingabe umsorgen, bevor die Zeit sie ihnen entreißt. Ein begnadeter Geschäftsmann kann sich über lange Zeit hinweg mit den Herausforderungen messen, vor die ihn die Freiheit stellt, und dabei aufblühen, bevor seine Begeisterung nachlässt und ihn die Eintönigkeit des Lebens anstarrt.

„Edle“ Ersatzdrogen sind all jene Dinge im Leben, die Sie fälschlich für das wahre Leben halten: Essen, Sex, Kinder großziehen, Geld verdienen, Besitz erwerben, kreative Eingebungen umsetzen, Beziehungen pflegen. Die Wahrheit ist: Falls Sie meinen, die eine oder andere dieser Tätigkeiten sei besonders göttlich, steht Ihnen viel Leid bevor. Sie können göttliche Liebe und Freiheit durch jede beliebige dieser Tätigkeiten oder Beziehungen zum Ausdruck bringen. Aber wenn Sie meinen, dies sei die *Quelle* Ihres Glücks, dann sind Sie wie der Drogensüchtige, der von einer Ersatzdroge abhängig ist, die ihm unweigerlich irgendwann nicht mehr genügen wird.

Wenn Sie eine eher feminine sexuelle Essenz haben, gibt es bestimmte Dinge, bei denen Ihr Liebesschalter betätigt wird. Verwechseln Sie das nicht irrtümlich mit Liebe. Wenn Sie Ihr Baby in scheinbar vollkommener Liebe an sich drücken, dann öffnen Sie sich *für* diese Liebe. *Seien* Sie die unermessliche Liebe, die Ihr hübsches Kind in Ihnen weckt. Vergessen Sie nicht, dass es viele einsame Frauen mit leerem Herzen gibt, die einst Vollblutmütter waren und im Kreis ihrer lachenden Kinder überwältigendes Glück erlebt haben.

Haben Sie eine eher maskuline sexuelle Essenz, ist es ein Leichtes, stunden-, tage-, ja jahrelang völlig in den anstehenden Aufgaben aufzugehen. Vielleicht verschreiben Sie Ihr Leben wie ein betender Mönch der Jagd nach vermeintlichem Seelenheil: der Entdeckung, Verwirklichung, Erschaffung oder Erreichung dessen, was Sie frei machen wird.

Aber wenn Sie Ihre Ziele schon einmal erreicht haben, wissen Sie, dass das Glück darüber, etwas erreicht zu haben, nicht lange vorhält – egal wie edel Ihre Tat war –, und Sie suchen nach einer neuen Möglichkeit, sich zu motivieren, ohne dass es anstrengend wird.

Wenn Sie von unermesslicher Liebe erfüllt sind, können Sie das Glück der Liebe mit Ihren Kindern teilen, ohne sie mit Ihrer Bedürftigkeit zu ersticken. Wenn Sie offen sind für freies Bewusstsein, können Sie der Welt Ihre Gaben durch Ihre Lebensaufgabe darbieten, ohne erfolgreich sein zu müssen.

Jede Tat und Beziehung in Ihrem Leben ist eine Gabe. Geben Sie sich vollkommen. Öffnen Sie sich für grenzenlose Liebe und unbegrenzte Freiheit. Geben Sie immer aus der grenzenlosen Fülle Ihres offenen Herzens heraus. Reduzieren Sie Ihre Familie oder Karriere nicht auf eindrucksvolle Ersatzobjekte um des Glückes willen, das ja Ihr ureigenstes Wesen ist.

Geben Sie sich in Momenten, die wunderbar erscheinen, nicht mit dem Glanz provisorischer Erfüllung zufrieden. Die Umarmung Ihres Kindes oder die Früchte Ihres Berufs können eine Zeit lang völlig ausreichend erscheinen. Üben Sie selbst dann, in *jedem* Augenblick bis zum Überfließen voll und völlig unbelastet zu sein, denn genau das sind Sie. Sie sind auf der Welt, um als grenzenlose Liebe und Offenheit zu leben. Sie sind auf der Welt, um als Darbietung Ihrer tiefsten Gaben zu leben. Erlegen Sie Ihren Kindern nicht die Verpflichtung auf, Ihnen ein Leben lang etwas vorzumachen.

30
Seien Sie jetzt so frei wie die Liebe

Irgendetwas zu tun, führt nur dazu, dass Sie noch mehr tun, aber Ihre tiefsten Wünsche erfüllen sich dadurch nie.

Ihr Leben wird von dem Bedürfnis bestimmt, etwas zu *tun*. Ihnen fehlt etwas, Ihr Leben ist nicht ganz vollständig, und deshalb *tun* Sie etwas.

Egal was Sie tun, Ihr Leben wird für kurze Zeit intensiv sein und dann schnell in Vergessenheit geraten. Es ist nur scheinbar wichtig und nicht ganz befriedigend – eine verblassende Erinnerung an Freude und Leid, Gewinn und Verlust, Gesundheit und Krankheit, Liebe und Einsamkeit. Und dann sterben Sie, wie es alle vor Ihnen getan haben. Dschingis Khan, Prinzessin Diana und Frank Sinatra sind tot. Sie haben die Welt verlassen und sich in Luft aufgelöst. Irgendwann wird die Sonne explodieren und die Erde wird sich in Luft auflösen. Alles, was sich zusammengefunden hat, geht wieder auseinander. Garantiert.

Und doch scheint es so wichtig zu sein, Dinge aufzubauen – Ihr Unternehmen, Ihre Intimbeziehung. Das Maskuline in Ihnen wird vom Abenteuer des Erfolgs und des Scheiterns angelockt. Tun, tun, tun, tun, tun, und die Frage lautet dabei immer: „Bin ich erfolgreich oder nicht?" Es ist ein immerwährendes Warten auf jenen Tag in der Zukunft, an dem der Erfolg groß genug sein wird und Sie endlich so leben können, wie Sie wollen.

Bis es soweit ist, haben Sie geübt, Ihre Aufmerksamkeit aufs *Tun* zu richten, als gäbe es im Leben ein Ziel. Aber im hohen Alter – oder eigentlich in jedem Alter – ergibt nur Tiefe einen Sinn. Ob Sie mit zwanzig oder achtzig Jahren Millionär werden, Ihr Leben kann Ihnen trotzdem immer noch leer und bedeutungslos vorkommen, falls Sie nicht gelernt haben, unter die Oberfläche Ihres Tuns hineinzufühlen, in das offene Sein, das manche Menschen Gott, Wahrheit oder Liebe nennen.

Das Leben hat Tiefe, egal ob Sie etwas tun oder nicht. Ob Sie etwas tun oder nicht – dieser Augenblick hier ist offen, unendlich voll und grenzenlos. Sie sind schon frei, aber das Maskuline in Ihnen meint, Sie müssten es sich erst verdienen, und deshalb *tun* Sie etwas.

Das Feminine in Ihnen ist in das Drama von Liebe und Unliebe verstrickt. Tag für Tag, Jahr um Jahr hat das Feminine das Gefühl: „Ich werde geliebt, nicht geliebt, geliebt, nicht geliebt, geliebt, nicht geliebt ...“, als drehte sich die ganze Welt um Ihre emotionale Erfüllung. Als könnten Sie die schlechten Zeiten aussitzen und dann würde tiefe Intimität möglich. Als würde Ihr Liebespartner sich weiterentwickeln oder als würden Sie den richtigen Partner finden, der Sie wirklich so liebt, wie Sie es sich wünschen.

In der Zwischenzeit hallt der Schmerz der Leere in Ihrem Körper wider, und deshalb *tun* Sie etwas, um diese zu füllen. Essen. Reden. Einkaufen gehen. Sehnsucht haben. „Ich werde niemals geliebt werden.“ „Ich werde geliebt.“ „Werde ich geliebt?“ Tag für Tag erschöpft sich Ihre Hoffnung ein bisschen mehr, bis Sie sich schließlich mit einer Beziehung zufriedengeben, die einigermaßen gut ist, aber nicht so gut, wie die Liebe – das wissen Sie – sein kann. Und so warten Sie, verschlossen und unerfüllt. „Mein Partner gibt mir nicht die Liebe, die ich haben will, also halte ich meine Liebe eben auch zurück.“

Auf Liebe zu warten oder irgendetwas zu tun, um geliebt zu werden, ist genauso aussichtslos, wie zu erwarten, beim Schwimmen nicht nass zu werden. Liebe ist bereits, wer Sie sind. Liebe ist das, was Ihr Leben lebt, Ihren Atem atmet, Ihren Körper und alle Körper in Bewegung versetzt.

Liebe ist der Wunsch, Ihr Herz genau jetzt zu öffnen. Sie können spüren, wie das Begehren der Liebe genau in diesem Moment durch Ihren ganzen Körper fließt. Sie müssen die Liebe ablehnen, damit sie Ihnen fehlt. Sie müssen Ihr Herz verschließen, Ihren Atem anhalten und Ihren Körper verspannen, um sich einsam und leer zu fühlen. Solange Sie misstrauisch oder vorsichtig sind, bringt Ihnen kein *Tun* mehr Liebe.

Doch wenn Sie sich umschauen, ist fast jeder dabei, angestrengt etwas zu tun oder wenigstens ein bisschen Freiheit zu erlangen. Oder er sehnt sich nach tieferer Liebe.

Es scheint, als ginge es im Leben ums *Tun*. Natürlich bedeutet Leben Handeln, und es verändert sich fortwährend. Aber kein Tun kann Ihnen *jemals* zu jener wahren Freiheit und jener vertrauenswürdigen Liebe verhelfen, die Sie sich zutiefst wünschen. Tun kann Ihnen vielleicht zu mehr Geld verhelfen. Tun kann Ihnen dabei helfen, Menschen kennenzulernen und Ihre Beziehungsfähigkeit zu verbessern. Aber selbst dann werden Sie sich trotz Geld und Beziehungen unerfüllt fühlen, wenn Sie sich weiterhin aus Angst verschließen, statt sich genau jetzt, so wie Sie sind, darauf einzulassen und zu öffnen.

Spüren Sie wie ein Fisch in einem grenzenlosen glasklaren Ozean in den Raum ringsherum hinein, als wäre er Wasser. Atmen Sie ein und aus, als atmeten Sie die Dickflüssigkeit des Wassers, nehmen Sie die befreiende Klarheit, die Sie umgibt, in sich auf und lassen Sie sie wieder los. Spüren Sie, wie das Wasser Ihren Körper durchströmt und Ihr Gefühl, Ihre Haut aufweicht und öffnet.

Spüren Sie von Ihrem Herzen durch das Wasser des Raums nach außen. Fühlen Sie Geräusche als Schwingung in diesem Wasser, so wie laute Musik in Ihrem gallertartigen Kern schwingen könnte. Spüren Sie durch das Wasser des Raums die Gegenstände, die Sie umgeben. Öffnen Sie sich, damit sich Ihr Gespür immer weiter durch das Wasser ausdehnt. Hören Sie auf zu fühlen, während Sie in das Wasser ringsum hineinfühlen?

Gibt es für diesen Augenblick eine Grenze? Stößt Ihr Fühlen, während Sie über Ihre unmittelbare Umgebung hinausspüren, an eine Mauer oder öffnet sich das Fühlen über die Umgebung hinaus, wie die Klarheit eines offenen Ozeans? Spüren Sie als Wasser ohne Grenzen durch Ihre Umgebung hindurch und darüber hinaus, und öffnen Sie sich grenzenlos.

Bleiben Sie ganz empfindsam, während Sie sich öffnen, ganz weich, vom Wasser durchtränkt. Ihr Herz öffnet sich wie Liebesgötterspeise, die bei jedem Laut erzittert und durch jede Farbe, jeden Lichtstrahl aufleuchtet. Wenn Menschen auf Sie zukommen, spüren Sie, wie sich das Wasser zwischen Ihnen verdichtet oder einen Strudel bildet und Ihr Herz dabei mit den Eigenschaften und Emotionen jeder Person anders berührt. Spüren Sie alles und jeden von ganzem Herzen.

Dehnen Sie Ihr Fühlen grenzenlos aus und öffnen Sie sich dabei. Öffnen Sie sich mit der Fülle all Ihrer Erfahrungen. Öffnen Sie sich dem ganzen Augenblick.

Wenn Sie offen sind, sind Sie frei, und Ihre Arbeit kann anderen Menschen mehr Freiheit schenken. Wenn Sie offen sind, sind Sie Liebe, und Ihre Beziehungen können die Liebe in der Welt verbreiten. Aber wenn Sie auf einen späteren Zeitpunkt warten, um sich zu öffnen, so wie Ihnen gerade zumute ist, dann wird Ihnen nichts von dem, was Sie *tun*, die zutiefst ersehnte Freiheit und Liebe bringen.

Sie kennen viele Menschen, die Unmengen Geld verdient und unzählige Beziehungen gehabt haben, doch ihre Herzen sind weder frei von Angst noch von Liebe erfüllt. *Tun* gehört nun mal zum Leben. Aber wir überschätzen die Belohnungen, die es uns in Aussicht stellt. Öffnen Sie Ihr Herz jetzt, und seien Sie frei wie dieser ganze Augenblick, der als Liebe lebendig ist.

31
LEUCHTEN SIE WIE DAS LICHT DER LIEBE

Liebe sieht wie Licht aus.

Wenn sich ein Mensch verliebt, dann strahlt er. Er leuchtet vor Liebe. Seine Augen funkeln. Seine Haut glüht. Denn Liebe ist so, wie sich Licht anfühlt.

Liebe ist das Gefühl von Licht. Licht ist die Erscheinungsform der Liebe.

Das Feminine in jedem Menschen wird mit dem Liebeslicht gleichgesetzt.

Wenn Sie eine eher feminine sexuelle Essenz haben oder im Moment mit Ihren femininen Anteilen identifiziert werden, dann wollen Sie als Licht gesehen und als Liebe gefühlt werden. Bringt heute Gold- oder Silberschmuck den Glanz in Ihren Augen eher zur Geltung? Bringt heute eine rote oder blaue Bluse Ihr natürliches Strahlen am besten zur Geltung?

Das Feminine ist höchst sensibel dafür, wie sehr Schmuck Ihren ganzen Körper noch mehr für die Energie und das Lichtspektrum Ihres Herzens öffnen oder verschließen kann. Ob sie dieses Paar Schuhe oder ein anderes trägt – die für eine eher maskuline Person nahezu gleich aussehen –, kann für die feminine Person den Unterschied zwischen einem öden und einem gelungenen Tag ausmachen.

Doch nichts gibt das natürliche Licht Ihres femininen Herzens besser wieder als die Liebe. Ein Mensch mit femininer Essenz kann ein erfolgreicher Firmenchef, eine hervorragende Wissenschaftlerin oder Herrscher über ein Land sein und doch freudlos und unglücklich wirken, wenn keine Liebe durch ihr oder sein offenes Herz strömt.

Das maskuline Herz reagiert am ehesten, wenn es eine Aufgabe erfüllen kann, die zu mehr Freiheit – etwa finanzieller, künstlerischer oder spiritueller Freiheit – führt. Das maskuline Herz öffnet sich oft am tiefsten, wenn es mit dem Tod konfrontiert wird oder sich auf Dinge einlässt, die jenseits des Bekannten, jenseits aller Dinge liegen, und sich der Freiheit über alle Formen hinaus öffnet.

Das Feminine *ist* Form, die Lichterscheinung aller Dinge, aller Lebenskraft. Es ist als Liebe lebendig und zeigt sich in jeder Gestalt und Beschaffenheit und Beziehung. So wird das feminine Herz von nahezu allem bewegt, was lebendig ist, vom Kommen und Gehen von Körpern, vom dramatischen Gezeitenwechsel des Lebens, vom lebendigen Fluss der Liebe in Beziehungen.

Erfolg, Zielgerichtetheit, Aufgabe, Leistung, Erkenntnis, Klarheit – diese Dinge sind für alle Menschen wichtig. Aber welche Aussicht *öffnet Ihr Herz* in diesem Moment eher: Ein tolles Kleid anzuziehen, verrückten Schmuck anzulegen und mit Ihrem Geliebten und Ihren engsten Freunden zu Ihrer Lieblingsmusik zu tanzen, oder allein in einem Zimmer zu sitzen und viele Stunden lang bewegungslos dazusitzen, den „Ego-Tod" zu üben und ins Leere zu schauen?

Wenn das Feminine von der Fülle der Musik getanzt wird, während Herz und Körper sich der lebendigen Liebe ergeben haben, findet es durch Tanz und Bewegung den gleichen Zugang zur Offenheit und zu einem Aha-Erlebnis wie das Maskuline durch Meditation oder andere Wege Einblicke in das Gefühl des „Ego-losen" erhält. Für das Feminine kann es genauso überwältigend sein, sich mit dem vorzüglichen Geschmack edler Schokolade zu verbinden, wie für das Maskuline ein Meisterschaftsspiel des Lieblingsteams überwältigend ist.

Beim weiblichen spirituellen Wachstum geht es darum, sich zu öffnen, um alles – alle Menschen, alle Situationen, die wuchtige Präsenz des ganzen Augenblicks – in sein Herz aufzunehmen und sich offen zu ergeben, um als die volle Kraft der Liebe zu atmen und sich zu bewegen, vor Lebendigkeit zu strotzen und als alles und jeder in Erscheinung zu treten. Das Maskuline wächst, indem es seine Identität aus der Leere, aus grenzenlosem Bewusstsein, aus der unveränderlichen, immer gegenwärtigen Bestätigung, am Leben zu sein, schöpft. Das Feminine hingegen wächst, indem es seine Identität aus sich ständig verändern-dem Licht, strahlender Liebe, das heißt aus genau der Liebesfülle allen Lebens und jedes Augenblicks schöpft.

Das Maskuline sehnt sich nach unveränderlicher Leere – wenn schon nicht in Form ewigen Bewusstseins, dann wenigstens in Form des Friedens, der sich nach einem Orgasmus einstellt oder wenn es vor dem Fernseher lümmelt. Das Feminine *ist* Drama, flüchtige Leidenschaft, ein Ozean stürmischen und immerflüssigen Lichts, mit veränderlichen Schattierungen, dunkel und verwirrend, verborgen und offen gelegt, das sich danach sehnt, gesehen, gefühlt und so tief durchdrungen zu werden, dass es über die Fülle hinaus überschwemmt wird.

Leere und Stille sind fixe Ideen des Maskulinen. Oft will das Maskuline die Aufgeregtheit des Femininen zerstreuen und einfach nur offen sein, denn nur in der Offenheit fühlt sich das Maskuline zu Hause. Aber das Feminine öffnet sich für Zimt und Knoblauch, für salzig, süß und bitter, für jedes erdenkliche Aroma.

Das Feminine hat keine Veranlassung, Emotionen aufzulösen, als ginge es darum, das Drama des Lebens zu beenden. Feminine Liebessicht *ist* Leben. Freundschaften, Liebesgeschichten, Abendessen, Einkaufen, der vertraute Schauplatz von Verletzung und Freude, verlorene und errungene Liebe – das Feminine ist in der Fülle der Emotionen und der Sinnlichkeit zu Hause, nicht im leeren, noch nicht existierenden Raum, in dem das Maskuline das Leben erlebt. Begeisterte Hingabe, ekstatischer Tanz, erregter Gesang, sexuelle Ausschweifungen im Glück des Lichts und den Gezeiten der Liebe – dies sind einige Ausdrucksformen femininer Offenheit.

Kurzes Vergnügen ist aber nicht dasselbe wie tiefe Offenheit. Das Maskuline kann beispielsweise ein Bier trinken, fernsehen oder einen Orgasmus haben, und das belanglose Vergnügen hält nur sehr kurz vor. Genauso kann das Feminine mit einer lieben Freundin telefonieren, einkaufen gehen oder ausgeflippt in der Küche umhertanzen, aber das Gefühl lebendiger Erfüllung wird nicht allzu lange anhalten. Kurze Vergnügen mögen den Zugang zur Offenheit erleichtern, aber danach können Sie *üben*, Ihre Offenheit beizubehalten und zu vertiefen.

Wenn Sie beispielsweise gern tanzen, können Sie aus dem Tanzen eine spirituelle Praxis machen. Vielleicht können Sie sich an eine Zeit erinnern, als Sie tanzten und sich weit offen fühlten, als würden Sie sich der Kraft der Liebe und dem Leben ergeben, als es Sie tanzte. Wie haben Sie sich damals bewegt? Was haben Sie im Herzen gefühlt?

Wie stellen Ihre Füße Kontakt zum Boden her, wenn Sie lebendig als Liebe tanzen? Was spüren Sie in den Beinen? Was spüren Sie sexuell, energetisch, *zwischen* den Beinen und in Ihren Lenden, wenn Sie sich beim Tanzen für die Lebenskraft öffnen? Wie fühlt sich Ihr Bauch, Ihre Brust an, wenn die Musik in Sie eindringt und sich durch Sie hindurchbewegt? Welche Ausdrucksmöglichkeiten zeigen sich über Ihr Gesicht, Ihre Arme und Hände? Wie bewegt sich die Liebe durch Ihren ganzen Körper und wie strahlt sie als Ihr ganzer Körper?

Genießen Sie das Tanzen als spirituelle Praxis, und finden Sie dabei Folgendes heraus: Wie können Sie jetzt so tanzen, dass Ihr Herz offen erstrahlt und Ihr ganzer Körper lebendig als Fülle der Liebe atmet? Wie können Sie jetzt so tanzen, dass Ihr Körper und Ihr Herz sich öffnen, um jeden Augenblick tief anzunehmen, und sich Ihr Leben *täglich* als Liebe zeigt? Wie könnten Sie so durch die Jahre tanzen, dass Ihr Herz, selbst wenn Ihr Körper altert und dahinwelkt, sich noch weiter öffnet, so weit wie der Augenblick, und als Strahlen der Liebe auf alle scheint?

Für feminine spirituelle Praxis – beispielsweise heiligen Tanz – müssen Sie genauso diszipliniert sein wie für einsames Meditieren. Sie sind zwar Offenheit, haben aber die Tendenz, sich zu verschließen. Beim heiligen Tanz legen Sie, wie bei der Meditation, Ihre Angstgewohnheiten und Ihre Verschlossenheit ab, damit Ihr Leben als segensreiche Liebe offen erblüht.

Achten Sie beim Tanzen darauf, wie die Form Ihrer Hände und die Stellung Ihrer Finger sich auf die Offenheit Ihres Herzens auswirken. Wo im Mund liegt Ihre Zunge, und welche Form haben Ihre Lippen – lächeln sie oder kräuseln sie sich, sind sie entspannt oder fest zusammengepresst? Ist alles so, damit die Energie der Liebe ganz ungehindert von Ihrem Herzen durch Ihren ganzen Körper strömen kann, um sich für den ganzen Augenblick zu öffnen und für alles und jeden zu erstrahlen?

Während Sie sich öffnen, um den vollen Augenblick anzunehmen und das Licht Ihres Herzens richtig erstrahlen zu lassen, wie nehmen Ihre Füße Kontakt mit dem Boden auf, wenn Ihr Herz die Erde mit Ihren Beinen liebt? Wie berühren Ihre Füße den Boden im Zustand wütender Liebe? Zärtlicher Liebe? Sehnsüchtiger Liebe?

Wie tanzen Sie, wenn Sie an jemanden denken, den Sie lieben, wenn Sie Ihre Hüften mit dem Kummer und der Freude bewegen, die Ihr Herz bewegt haben? Wie öffnet sich Ihr Nacken, wenn Sie an Ihre Vorfahren denken? Wie öffnen sich Ihre Knie und Ihre Kehle, wenn Sie an all jene denken, die Ihre Liebe brauchen? Wie tanzen Sie als hingebungsvolle Gabe, wenn Sie sich öffnen, um den Schmerz aller anderen zu empfangen, wenn Sie ihr Leiden tanzen, Ihren tiefsten Herzenssegen darbieten, während Sie sich öffnen? Wie würden Sie als himmlische Göttin tanzen?

Heiliger Tanz kann zwar Ihren Körper für größeres Glück öffnen, aber Sie werden dabei auch merken, wie Sie sich der Liebesfülle verschließen. Ihnen werden Bewegungen auffallen, die Sie überhaupt nicht mögen, und Körperhaltungen, die Sie nicht einnehmen wollen.

Spüren Sie durch diese verhassten Bewegungen und Haltungen hindurch. Führen Sie sie immer wieder aus, und üben Sie dabei, sich zu öffnen, damit die Liebe durch Ihren ganzen Körper und nach außen zu allem und jedem strömen kann. Lassen Sie die Energie der Liebe jene Momente berühren, in denen Sie sich verschließen, lassen Sie zu, dass sie Ihre Starrheit wärmt und Sie mit einem Schwall öffnet. Treffen Sie mit Freunden, die eine feminine Essenz haben, eine Abmachung, sich der Liebe zu öffnen, die Liebe sanft durch Ihre Angst und Ihre Schutzmauern zu drücken, einander zu spüren und zu lieben – besonders während Sie Bewegungen ausführen und Haltungen einnehmen, die Sie überhaupt nicht mögen.

So wie Sie Ihren eigenen Körper tanzend für die Liebe öffnen können, können Sie üben, die Körper Ihrer Freunde tanzend zu öffnen. Sie können in Ihrem Körper spüren, dass sie sich verschließen, und Ihre Freunde haben damit die Gelegenheit, zu spüren, dass Sie zu ihrer Entfaltung tanzen.

Stellen Sie sich vor eine Freundin hin und öffnen Sie sich bewusst, um sie in sich aufzunehmen. Atmen Sie ihre Gestalt, ihre Zurückhaltung, ihre Dunkelheit tief in Ihr Herz ein. Nehmen Sie ihre Eigenschaften in die Form Ihres Körpers auf. Atmen Sie als sie, bewegen Sie sich als sie. Spüren Sie ihre Liebe und ihre Angst, und öffnen Sie sie durch Ihren Tanz.

Lassen Sie Ihre Freundin spüren, wie Sie sich für sie öffnen. Bewegen Sie Ihr Becken, um sich durch ihre Gestalt für die Liebe zu öffnen. Spüren Sie, als sei ihr Körper der Ihre, und üben Sie, jede Zelle von den Zehen bis zu den Fingern und zum Scheitel zu öffnen, auch *jeden* Teil dazwischen, besonders die Partien, die sich dunkel oder verschlossen anfühlen. Nehmen Sie die Gestalt Ihrer Freundin als die Ihre an und tanzen Sie offen als sie. Legen Sie Ihre Herzen bloß und lassen Sie die Liebe zum Segen aller strömen.

Mit etwas Übung können Sie beim Tanzen spüren, dass Sie selbst nicht nur als eine einzige Freundin lebendig sind, sondern als alles und jeder. Atmen Sie den ganzen Schmerz, die ganze Verschlossenheit, die ganze Verspannung ein. Spüren Sie Ihren Körper als Körper der Liebe, durch den Ihr Herz das Blut aller pumpt und Ihr Atem um aller willen empfängt und gibt. Spüren Sie alles und jeden, atmen Sie alles und jeden, öffnen Sie sich für alles und jeden. Tanzen Sie lebendig als jede dunkle und helle Lichtschattierung, seien Sie in Ihren Bewegungen offen für jeden ängstlichen, einsamen Körper. Öffnen Sie sich für jeden Aspekt der Liebe, ekstatische Liebe, dienende Liebe, schmerzliche Liebe, sehnsüchtige Liebe. Öffnen Sie sich für alle, für jeden, für die Liebe.

Manchmal werden Sie spüren, wie göttliches Leben durch Ihren offenen Körper jagt. Dann wieder haben Sie vielleicht das Gefühl, mit schwarzem Schlamm vollgepumpt zu sein, so dass Sie sich in eine Ecke verkriechen und sich übergeben. Üben Sie in beiden Fällen, sich so weit wie möglich zu öffnen. Atmen Sie tief und tun Sie Ihr Bestes, um mit Ihren Freunden in liebevollem Gefühlskontakt von Auge zu Auge, von Herz zu Herz, offen zu bleiben. Wenn Sie allein sind, atmen Sie und fühlen Sie sich offen, bleiben Sie in Verbindung mit der Liebe, die Sie durchströmen will. Egal wie verschlossen Sie sein mögen, Sie können üben, zu atmen und sich offen zu ergeben, indem Sie sich darbieten und zu jedem Augenblick als Gabe von der Liebe bewegen lassen.

Üben Sie, sich beim Tanzen und hin und wieder auch im Alltag zu öffnen. Atmen Sie Moment für Moment, mit oder ohne Musik, den ganzen Schmerz und die ganze Freude in Ihr Herz ein und wieder aus, und lassen Sie zu, dass die Liebe sich durch Ihre Verschlossenheit öffnet – durch jedermanns Verschlossenheit –, indem Sie Ihren Körper offen und so vollkommen wie der Augenblick darbieten.

Üben Sie diese Fülle vor allem, wenn Sie eigentlich keine Lust dazu haben, wenn Ihr Körper fest verschlossen ist, wenn Sie Ihre Liebe am liebsten jedem, irgendjemandem oder sich selbst vorenthalten würden. *Erlauben* Sie sich nicht nur, erfüllt zu sein; *zwingen* Sie sich, sich mit Ihrem ganzen Körper der Liebesfülle hinzugeben, indem Sie sich durch Ihre Atmung, Ihre Bewegungen mit Haut und Haar der Liebe ergeben.

Sie können das auf diese Weise immer üben, nicht nur, wenn Sie verletzt sind, sondern auch, wenn Sie voller Freude sind. Wenn Schokolade auf Ihrer Zunge zergeht oder Ihr Liebespartner Ihre Lippen küsst, lassen Sie die Liebesfreude Ihren Körper erfüllen. Achten Sie darauf, ob Ihre Freude-Energie irgendwo blockiert wird – ob Ihr Bauch angespannt oder Ihr Schoß gefühllos ist oder ob Ihre Zehen nicht zucken, und öffnen Sie Ihren Körper ganz mithilfe Ihrer Atmung. Bleiben Sie offen und im Gefühlskontakt mit jenen, die in Ihrer Umgebung sein mögen. Schauen Sie Ihren Freunden oder Ihrem Liebespartner in die Augen, während Sie atmen und größer werden und als Liebesfreude überfließen.

Lassen Sie schokoladige Freuden Ihre Zunge erweichen, öffnen Sie die Kehle und füllen Sie Ihren Bauch, während Sie in Ihrem schmelzenden Herzen die Süße des lebendigen Augenblicks empfangen. Atmen Sie Freude-Energie von Ihrem vollen Herzen zu allem und jedem. Schenken Sie schokoladige Liebe durch Ihren ganzen Körper – durch Ihr Lächeln, Ihre strahlenden Augen, Ihre glücklichen Schenkel und durch appetitliche Geräusche – für Ihre Freunde und nach außen für alles und jeden.

Wenn Ihr Liebster Sie küsst, nehmen Sie die Liebesfreude tief in sich auf, indem Sie Ihr Herz atmend öffnen und den Kuss empfangen, den die Lippen der vollen Präsenz des Augenblicks in Sie hineindrücken. Lassen Sie sich tief in die Liebe küssen, und bieten Sie Ihrem Liebsten und allem und jedem Ihre rhythmischen Bewegungen und Ihr Stöhnen als Herzensgaben dar. Atmen Sie als Ihr Körper, atmen Sie als Körper Ihres Liebsten und atmen Sie als alle Körper, indem Sie alles und jeden spüren und sich, voll wie die Liebesfreude, lebendig für jede Form öffnen.

Da jeder Mensch sowohl Maskulines als auch Feminines verkörpert, kann jeder Mann und jede Frau davon profitieren, sich für Leere und Fülle zu öffnen. Es ist für jeden hilfreich, offen und still zu meditieren und sich dem Tanz der Liebe offen zu ergeben. Trotzdem waren und sind Beobachtung, Erkenntnis, Meditation und Einsamkeit immer typisch für den maskulinen Umgang mit Offenheit, das Feminine hingegen fand und findet diese Dinge immer äußerst langweilig und öde.

Das Feminine atmet und bewegt sich als Leben. Es erstrahlt als jede Schattierung. Es öffnet sich für jedes Aroma. Das Feminine ist alles, was Lebenskraft hat. Das Feminine ist als Liebe lebendig, tanzt als alle Körper und öffnet sich für alles und jeden.

32
Betrachten Sie Sexualität als Kunst

Das Maskuline lenkt, das Feminine lädt ein.

Wie erhalten Sie bei all den Entscheidungen, die Sie täglich treffen müssen, und den Arbeiten, die erledigt werden müssen, in einer Intimbeziehung die Leidenschaft am Leben? Wenn Sie die Kunst des sexuellen Schenkens verstehen wollen, können Sie zu Beginn spüren, wie sich Nuancen im Sprechen und Handeln auf Ihren Liebsten auswirken. Je nachdem, wie offen Sie sind, kann jedes Ihrer Worte, jede Ihrer Gesten ein Geschenk für alle sein – oder auch nicht.

Offenheit hat alle möglichen Eigenschaften, sowohl maskuline als auch feminine. Das Feminine ist Lebenskraft, die Verströmung von Licht und Liebe, die als Ihr Körper tanzt, Emotionen und das Strahlen des ganzen Augenblicks. Das Maskuline ist Bewusstsein selbst, das Nichts reiner Präsenz, die Leere oder der stumme Zeuge dessen, was dieser Augenblick zeigt.

Je besser Sie sich für das Bewusstsein öffnen können, desto mehr erfahren Sie darüber, wer Sie sind und wie Sie Ihren tiefsten Lebenssinn in einer Welt der Veränderung leben können. Es ist eine maskuline Fähigkeit, Ihren tiefsten Lebenssinn zu kennen und Ihr Leben und das anderer Menschen bewusst zu steuern – egal ob Sie ein Mann oder eine Frau sind.

In der heutigen modernen Kultur verherrlichen die meisten Menschen noch immer die maskuline Entschlossenheit und schätzen die Anziehungskraft gering, die zum femininen Leben gehört. Wenn Sie morgens aus dem Tiefschlaf erwachen, können Sie spüren, wie das Licht dieses Augenblicks das Bewusstsein anzieht und zur Show des Lebens einlädt. In jedem Augenblick lädt das feminine Spektrum das

Maskuline zum Handeln ein. Doch in der heutigen antifemininen Kultur wird erwartet, dass Männer und Frauen zurücktreten beziehungsweise lenken, statt das Leben, das Lebens*gefühl*, als Einladung zum Handeln darzubieten.

Es wird beispielsweise von Ihnen erwartet, dass Sie jemanden lenken, sogar Ihren Liebespartner, Ihre Liebespartnerin, indem Sie ihm oder ihr sagen, was er oder sie tun soll, statt sie durch den Ausdruck eines Lebensgefühls zum Handeln einzuladen. Ihre maskuline Anweisung „Bitte schalte die Heizung ein" gilt als ehrlicher als Ihre feminine Art, mit „Mir ist ziemlich kalt" an das Gefühl Ihres Gegenübers zu appellieren. Menschen, die besonders stolz auf ihre maskuline Fähigkeit sind, bezeichnen diesen femininen Einladungsstil als manipulativ und verschleiernd.

Im Geschäftsleben und in Freundschaften gelingt es Ihnen mit Ihrer maskulinen Art oft am ehesten, jemanden zu einer bestimmten Handlung zu veranlassen. Aber in Intimbeziehungen, wo der Fluss sexueller Energie häufig über die Beschaffenheit des Augenblicks bestimmt, hat Ihre Sprechweise eher mit erotischer Kunst als mit zweckmäßiger Wirksamkeit zu tun.

Inwiefern kann Ihre Sprechweise den sexuellen Fluss intensivieren oder verringern? Sexuelle Leidenschaft fließt zwischen zwei energetischen Polen: dem maskulinen und dem femininen. Ähnlich wie beim elektrischen Strom, der zwischen positivem und negativem Pol fließt, oder der magnetischen Kraft zwischen Nord- und Südpol, strömt die sexuelle Energie immer zwischen dem maskulinen und dem femininen Pol. Wenn Sie und Ihr Partner beide Ihren maskulinen Kern ausleben – indem Sie etwa beide die Gabe der Entschlossenheit darbieten –, dann versiegt der sexuelle Strom, weil die feminine Gabe der Einladung fehlt, um die Polarität wiederherzustellen. Dies gilt für homosexuelle Beziehungen genauso wie für heterosexuelle.

Wenn Sie die Richtung vorgeben, stehen Sie als maskuliner Pol da. Angenommen, Sie sind der feminine Partner in einer Intimbeziehung. Wenn Sie Ihrem maskulinen Partner sagen, was er tun soll, indem Sie ihm konkrete Anweisungen geben – „Zieh bitte die Schuhe aus!" –, wird Ihre maskuline Energie verhindern, dass die Polarität mit dem

Maskulinen Ihres Liebespartners strömt. Sie haben den Strom sexuell neutralisiert. Ihr maskuliner Liebespartner wird sich abgestoßen fühlen. Um den Bogen der sexuellen Polarität erneut zu spannen, können entweder Sie oder Ihr Partner die feminine Energie der Einladung anbieten. Sie haben zu jedem Moment die freie Wahl, wer den maskulinen Pol und wer den femininen Pol verkörpert. Wessen maskuline Präsenz – und wessen feminines Strahlen – ist im Strom sexueller Leidenschaft mehr erwünscht?

Sexuelle Neutralisation aufgrund fehlender Polarität kann eine sehr subtile Wirkung haben, sammelt sich aber im Laufe der Zeit an. Nehmen wir noch einmal an, Sie wären der feminine Partner in einer Beziehung. Wenn Sie die maskuline Anweisung oft genug wiederholen – „Kannst du den Müll raustragen? Holst du bitte die Kinder von der Schule ab?" –, können Sie unbeabsichtigt bewirken, dass die sexuelle Anziehung völlig fehlt, ja sogar dass Sie sich gegenseitig zurückweisen. Ihr maskuliner Liebespartner muss Ihre *feminine* Energie spüren, damit es zu einer sexuellen Anziehung kommen kann, die ihn zu Ihnen hinzieht.

Wenn Sie sich selbst als Gabe femininer Energie in Ihrer Partnerbeziehung darbieten wollen, dann bieten Sie lieber die Zug-Energie statt die Stoß-Energie. Laden Sie zum Handeln ein, indem Sie Ihre ganze Gefühlserfahrung zum Ausdruck bringen. Lenken Sie sie nicht, indem Sie den Weg bereits durch Ihre Handlungsaufforderung vorgeben. Öffnen Sie eine Tür, aber bitten Sie Ihren Liebespartner nicht herein. Lassen Sie die offene Tür eine Einladung sein – damit die sexuelle Polarität wirklich ungehindert strömen kann.

Statt zu sagen „Zieh bitte die Schuhe aus!", öffnen Sie die Tür mit einem „Ich würde gern deine Füße berühren". Statt „Kannst du den Müll raustragen?" laden Sie zur Handlung ein, indem Sie Ihre sinnliche Welt mit dem Satz „Ich kann den Müll schon riechen" offenbaren. Statt „Holst du bitte die Kinder von der Schule ab?" konkretisieren Sie Ihre Lebenserfahrung durch einen Satz wie: „Ich fürchte, die Kinder müssen vor der Schule warten." Laden Sie einfach zum Handeln ein, indem Sie von Ihrer Gefühlserfahrung sprechen, und lassen Sie Ihren maskulinen Partner konkret sagen, wie etwas getan werden soll oder nicht.

Derjenige, der den Handlungsverlauf durch Lenken – durch seine Worte oder sein Verhalten – konkretisiert, besitzt in diesem Moment die maskuline Energie. Wenn Sie sagen: „Könntest du das Auto auftanken?", dann konkretisieren Sie die Handlung Ihres Partners durch Ihre Bitte. Aber wenn Sie sagen: „Ich fürchte, der Tank ist bald leer", erzeugen Sie eine Einladung zum Handeln, indem Sie Ihr Gefühl ausdrücken. Sie öffnen Ihrem Liebespartner in diesem Moment einen Raum, den er mit maskuliner Entschlossenheit füllen kann. Sie bieten Ihrem Partner das Wasser der Möglichkeiten an, auf das er sich begeben und wo er navigieren kann.

Der Unterschied, ob Sie Ihren Partner lenken oder einladen, mag geringfügig sein, aber im Lauf der Zeit kann er im Strom des sexuellen Begehrens viel Gewicht bekommen. Vielleicht erfolgt die gewünschte Handlung schneller, wenn Sie Ihren Liebespartner lenken, aber es kann auch sein, dass Sie die Leidenschaft dadurch neutralisieren.

Möglicherweise ist es Ihrem maskulinen Partner, der nicht weiß, wie er sein Navigieren als Gabe darbieten soll, sogar lieber, dass Sie selbst steuern und klare, konkrete Anweisungen geben, was Sie wollen – und verliert dann das sexuelle Interesse an Ihnen, ohne zu wissen, weshalb. Sie können in jedem Moment entscheiden, was wichtiger ist: zweckmäßige Wirksamkeit oder sexuelle Polarität. Dann können Sie bewusst entscheiden, ob Sie effiziente, konkrete Anweisungen oder die Anziehungskraft bevorzugen, um die Polarität aufrechtzuerhalten. Sie können entscheiden, ob Sie lenken oder einladen wollen.

Sie können Ihre Partnerin *lieben*, während Sie beide Ihre maskuline Seite ausleben und versuchen, den Augenblick zu steuern. Doch wie Sie tagsüber Ihre Sexualität ausleben – spannungsgeladen in reizvoller Polarität oder durch Effizienz neutralisiert –, beeinflusst Sie auch nachts im Bett. Sie werden Ihren Liebespartner nur dann *mitreißen und sich von ihm mitreißen lassen* wollen, wenn einer von Ihnen sich liebevoll der strahlenden, hingebungsvollen, ungebändigten, femininen Lebenskraft öffnet und der andere voller Liebe für maskulines Bewusstsein, für eine klare Absicht, für fähiges Navigieren und völlige Präsenz offen ist.

Wenn Sie Ihre Entschlossenheit aufgeben, um Ihre feminine Gabe der Einladung darzubieten, geschieht dies mit der Absicht, zwei sexuelle Pole zu erschaffen, auf die Ihr Liebespartner reagieren muss, indem er seine maskuline Gabe, bewusst zu navigieren, einsetzt. Ihr Liebespartner muss präsent und klar sein und darauf achten, was getan werden muss, und dann konsequent und integer handeln. Sie würden Ihr maskulines Navigieren nicht gern aufgeben, wenn Ihr Liebespartner zerstreut, unachtsam oder schwach wäre.

Sind Sie der maskuline Partner, können Sie Ihre Präsenz vertiefen, indem Sie Ihren tiefen Lebenssinn erkennen. Fragen Sie sich: „Warum lebe ich? Was muss ich tun, was muss aus mir werden, damit ich als vollkommener Mensch sterben kann, mit einem Lächeln auf den Lippen und dem Wissen, alles gegeben zu haben, was ich zu geben hatte?" Was müssen Sie heute tun, damit Sie, wenn Sie heute Abend schlafen gehen, wissen, dass Sie alles gegeben haben, dass Sie so tief geliebt haben, wie es Ihnen möglich war, und die aufrichtigsten Gaben, die Sie zu geben hatten, dargeboten haben? Tag für Tag so zu leben, ist eine Vorbereitung auf den Tod. Wenn Sie Ihr tägliches Handeln mit den Forderungen Ihres tiefsten Lebenssinns in Einklang bringen können, dann können Sie ehrenwert leben, ohne etwas bereuen zu müssen.

Ohne das Gefühl, eine Last zu tragen, können Sie klar und präzise handeln. Wenn es zu Ihrem tiefen Lebenssinn gehört, zu heiraten und eine Familie zu gründen, dann können Sie problemlos und ohne Murren die Kinder abholen und den Müll rausbringen, weil sie Teil Ihrer innersten Berufung sind, ein Teil der Art, wie Sie Tag für Tag Ihre tiefsten Gaben geben.

Haben Sie hingegen keine Verbindung zu Ihrer innersten Berufung und der Art, wie Sie Ihre Liebe zu Lebzeiten darbieten müssen, wird sich das Gefühl einstellen, nicht von der Tiefe gelenkt zu werden. Der Lauf Ihres Lebens wird unklar sein. Ihren Entscheidungen wird die Verbindlichkeit fehlen. Sie werden Ihren femininen Liebespartner zwingen, seine maskuline Energie in der Beziehung einzusetzen, weil Ihnen Klarheit und Entschlossenheit fehlen. Da Sie nun nicht mehr zielgerichtet sind und Ihnen der Lebenssinn fehlt, werden Sie Dinge tun, die Sie eigentlich gar nicht tun wollen.

Wenn Ihnen der tiefe Lebenssinn fehlt, der Ihrem Alltag eine Richtung gibt, werden Sie von äußeren Umständen – Geldmangel, den Bedürfnissen Ihrer Kinder, den Bedürfnissen Ihres Liebespartners – gelenkt, und Sie werden diesen irgendwann Vorwürfe für Ihre Unerfülltheit machen. Sie werden sich in Verpflichtungen gefangen fühlen, und Ihr Unmut wird sich Luft machen. In Ihrer Partner- und Familienbeziehung werden Sie Dinge zurückhalten, weil Sie eigentlich gar nicht da sein wollen, weil Sie nicht wissen, was Sie sonst tun sollen, und sich in Zweideutigkeiten, Schuldgefühle und Wut verstricken. Ihren Handlungen wird es an Integrität und Konsequenz fehlen. Ihr femininer Liebespartner wird Ihnen im Alltag nicht vertrauen und sich Ihnen sexuell nicht öffnen können.

Wenn Sie üben, sich tief zu öffnen, und damit zulassen, dass Ihr tiefer Lebenssinn durch Ihr Leben deutlich wird, dann entspringen Ihre Handlungen einem tiefen Vertrauen. Sie tun von Herzen das, was Sie Ihrem Gefühl nach tun müssen. In den von Ihnen gewählten Beziehungen geben Sie Ihre ganze Tiefe und Liebe, ohne zu grollen oder sich zu entziehen. Sie sind liebevoll – und äußerst intensiv – präsent.

Ihr Bewusstsein ist klar und eindeutig. Ihre Handlungen sind präzise und werden zu Ende geführt. Das tiefe Gefühl, eine Aufgabe zu haben, lenkt Ihr Leben, und deshalb sind Sie mit Ihrem oder Ihrer Liebsten nur zusammen, wenn es Ihr sehnlichster Wunsch ist. Er oder sie kann Ihre intensive Zielstrebigkeit, Ihr konzentriertes Begehren, Ihre eindeutige Präsenz spüren. Wie in jedem beliebigen Augenblick maskuliner Klarheit, wenn Sie mit Ihrem oder Ihrer Liebsten zusammen sind, sind Sie voll und ganz *da*.

Wo ist Ihre Aufmerksamkeit jetzt? Wenn Ihre Aufmerksamkeit vor allem Ihrer juckenden Wange gilt, wird Ihr Liebespartner Ihr Bewusstsein so tief wie Ihr Kratzen spüren. Spürt Ihre Aufmerksamkeit tief in das Herz Ihrer Liebespartnerin hinein, als wäre ihr Leid das Ihre, werden ihr Ihre Augen, Gesten und Ihre Atmung tiefere Präsenz vermitteln. Sie wird Ihrem tiefen, liebevollen Blick mehr vertrauen, als wenn Sie sich zerstreut an der Wange kratzen.

Sie können Ihre maskuline Präsenz erhöhen – und damit das Vertrauen und die strahlende Hingabe Ihrer Liebespartnerin anlocken –, indem Sie Ihre Aufmerksamkeit vertiefen. Nehmen Sie sich jetzt einen Moment Zeit und achten Sie auf Ihre Gedanken. Versuchen Sie, zu erfühlen, woher Ihre Gedanken kommen. Entspannen Sie sich kurz und erspüren Sie, wie ein einzelner Gedanke kommt und geht. Erspüren Sie, woher er kommt und wohin er geht, und fühlen Sie sich dann für diesen Raum offen. Fühlen Sie tiefer als dieser Raum, indem Sie sich dafür öffnen, woher Ihre Gedanken kommen, bevor sie sich verflüchtigen.

Dasselbe können Sie mit Ihren Emotionen üben. Erspüren Sie den „Ort", an dem Sie Ihre Emotionen fühlen. Egal welche Emotion Sie fühlen mögen, erspüren Sie, *wo* Sie fühlen, und öffnen Sie sich für diesen Ort. Fühlen Sie sich offen für den Ort, an dem Sie fühlen, egal welche Emotionen Sie dort finden.

Achten Sie darauf, wie in diesem Moment alles, auch Ihr Körper, *in Erscheinung tritt*. Denken Sie daran, wie es sich anfühlt, wenn Ihr Körper in einem Traum erscheint, als wäre es wirklich Ihr Körper. Dann verblasst der Traum, die ungewöhnliche körperliche Erscheinung verflüchtigt sich, und im nächsten Traum oder beim Erwachen taucht ein anderer Körper auf, der scheinbar Ihrer ist. Mit etwas Übung können Sie spüren, wie Ihr Körper genau jetzt *erscheint*. Wie ein Gedanke oder eine Emotion oder ein Körper in einem Traum erscheint Ihr Körper jetzt, damit Sie ihn zur Kenntnis nehmen – vielleicht nehmen Sie ihn gar nicht mehr wahr, sobald Sie sich auf eine Aufgabe konzentrieren.

Fühlen Sie sich mit etwas Übung offen für diesen Ort, an dem Ihr Körper jetzt erscheint, denselben Ort, an dem Ihre Träume erscheinen, den Ort, in dem dieser ganze Augenblick erscheint. Lassen Sie sich auf diesen Erscheinungsort ein und öffnen Sie sich für ihn. Entspannen und öffnen Sie sich so tief, dass Ihr Körper, Ihre Gedanken und Emotionen wie von Zauberhand auftauchen, erscheinen und als Leuchtreklame erstrahlen, die Sie fühlen und sehen können.

Spüren Sie Ihren tiefsten Lebenssinn. Wenn Sie Ihren tiefsten Lebenssinn noch nicht kennen, spüren Sie, wo Sie ihn in Ihrer Vorstellung fühlen würden, wenn dies möglich wäre. Fühlen Sie sich offen für diesen tiefen Ort, an dem Sie Ihren tiefsten Lebenssinn, das tiefste Begehren Ihres Herzens spüren würden.

Schenken Sie Ihrer Liebespartnerin dieselbe Gefühlstiefe. Üben Sie, in sie hineinzufühlen, ihr in die Augen zu schauen und tief in sie hineinzufühlen, damit Sie allmählich die Offenheit spüren können, aus der ihre Gedanken kommen und gehen, wo ihre Emotionen fließen, wo ihr Körper leuchtet und wo ihr Herzenswunsch wohnt. Üben Sie, sich für diesen Ort offen zu fühlen, an dem Sie und Ihre Liebste spüren, wie der ganze Augenblick jetzt erscheint, und üben Sie, sich noch tiefer auf diese Gefühlsoffenheit einzulassen. Üben Sie das jetzt und in den nächsten Monaten und Jahren.

Entdecken Sie in jedem Moment aufs Neue den tiefsten Ort, den Sie in sich und Ihrer Liebsten spüren können, und öffnen Sie sich für ihn.

Lassen Sie zu, dass sich die Tiefe Ihrer Präsenz ungehindert, zu jedem Augenblick, durch Ihren ganzen Körper zeigt. Üben Sie, aus dem tiefen Bauch heraus zu atmen, statt aus dem oberen Brustkorb. Spüren Sie von Ihrem tiefen Bauch in den Körper Ihrer Liebsten hinein. Spüren Sie durch Ihre Füße in die Erde unter Ihnen und von Ihrem Bauch und Herzen in Ihre Liebste hinein und öffnen Sie Ihren Schädel für den Himmel über Ihnen, statt nur auf die Gedanken in Ihrem Kopf und auf das Abbild Ihrer Liebsten in Ihren Augen zu achten.

Spüren Sie alles und jeden, jeden Moment den ganzen Tag lang und während Sie Liebe machen, während Sie durch alles und jeden spüren und sich der Tiefe von allem und jedem öffnen. Üben Sie, alles und jeden zu spüren, mit dem Sonargerät Ihres ganzen Körpers, von Ihrem ganzen Körper aus – Füße, Bauch und Brust eingeschlossen – in den Körper Ihrer Liebsten hineinzuspüren, ihre Verspannungen, ihre Lust wahrzunehmen, indem Sie ihren Rhythmus atmen und die unmerklichen Veränderungen ihrer Haltung von Kopf bis Fuß fühlen.

Wenn Sie sich in erster Linie mit Ihren eigenen Gedanken und Emotionen beschäftigen, bleibt Ihre Präsenz in Ihrem Kopf und Körper stekken. Sie *denken* vielleicht, Sie seien präsent, aber Ihre Liebste kann es nicht spüren.

Wenn Sie üben, die Gedanken, Emotionen und die Körperenergie Ihrer Liebsten zu spüren – ja, sich in sie einzufühlen, wie Sie sich in jemandes Muskeln einfühlen würden, um einen Knoten wegzumassieren, oder sich in ein Zimmer einfühlen würden, um es besonders schön einzurichten –, dann dehnt sich Ihre Präsenz über Ihre eigenen Grenzen aus. Ihre Präsenz nimmt so viel Raum ein, wie sich Ihre Gefühlsaufmerksamkeit öffnet. Wenn Sie Ihre Liebste und den ganzen Raum in Ihre offene Gefühlsaufmerksamkeit einschließen können, spürt sie und jeder andere im Raum Ihre Präsenz und würdigt sie.

Wenn Ihre Geliebte spürt, dass Ihre deutliche tiefe Präsenz in sie hineinspürt, kann sie Ihnen vertrauen. Wenn Sie fühlt, dass Sie tief in Ihr Herz hineinspüren, kann sie sich auf Ihr tiefes Herz, die Quelle Ihrer Integrität, einstimmen und sich öffnen. Wenn Sie spürt, dass Sie sich für den Ort jedes Augenblicks offen fühlen, kann sie sich auf das lebendige Licht jedes Augenblicks einlassen – auch auf Emotionen, Gedanken und den Körper.

Je intimer der Moment zwischen Ihnen und Ihrer Liebespartnerin ist, desto mehr spüren Sie alles und jeden und sie zeigt alles. Sie spürt, dass sie und der ganze Augenblick Ihnen wichtig, sehr wichtig sind. Sie kann Ihrer ehrlichen Zielgerichtetheit vertrauen und sich ganz lebendig als Liebeslicht hingeben und als Geschenk darbieten, aber sie öffnet sich nur, wenn Sie klare, tiefe Präsenz zeigen.

In jeder Beziehung müssen Entscheidungen getroffen werden und irgendwer muss sie treffen. Oft ist es für beide Partner das Beste, gemeinsam zu entscheiden und zu steuern. Aber manchmal empfindet es der feminine Partner als große Erleichterung, wenn der maskuline Partner ihn nicht dazu zwingt, jede Entscheidung zu treffen und jeden Handlungsverlauf zu lenken. Manchmal möchte das feminine Herz loslassen, sich öffnen und als Liebe leuchten, während es – gefahrlos und tief – an den unendlichen Ort geführt wird, den jeder Augenblick eröffnet.

33
Öffnen Sie sich tiefer als Ihr Bedürfnis

*Sie können sich jetzt,
mitten in Ihrer Lebensgeschichte, öffnen.*

Das tiefste Begehren des femininen Herzen ist es, vor Liebe offen zu fließen. Ganz gleich, wie erfolgreich Sie beruflich sind, wenn Sie eine eher feminine Essenz haben, wird Ihr Herz unerfüllt sein, solange in Ihrem Leben keine Liebe strömt. Tiefe Liebe. Vertrauenswürdige Liebe. Eine Liebe, die es Ihnen erlaubt, sich hinzugeben und sich auf die wunderbare Fülle der Liebe einzulassen.

Sie können jetzt erspüren, wie offen Sie für die feminine Fülle sind. Ist Ihr Schoß voll zärtlicher Lust? Pulsieren die Innenseiten Ihrer Schenkel vor Leben? Sind Ihre Lippen prall vom Kuss der Liebe? Können Sie, wenn Sie niedergeschlagen sind, Ihre Finsternis richtig spüren? Ist Ihr Herz offen, verletzlich, erblüht es mit der Kraft eines dunklen Gewittersturms? Atmen Sie voll, während Schmerz Ihr Herz und Ihren Bauch erfüllt? Können Sie, wenn Sie sexuell erregt sind, die Freuden der Liebe mit Ihren freudigen Füßen, Ihrem neckischen Bauchnabel, Ihren vor Freude überschäumenden Worten zeigen?

Egal zu wie viel Selbstständigkeit Sie erzogen wurden, Ihr feminines Herz erblüht, wenn es von Liebe erfüllt ist. Wenn Ihr Liebespartner Ihnen Liebe versagt, fühlen Sie sich verletzt und verschließen sich. Angenommen, Ihr Herz ist weit offen, bereit, mit der Liebe zu fließen, doch Ihr Liebespartner sträubt sich, ja zeigt vielleicht sogar aggressive Lieblosigkeit. Verwundet von seiner Ablehnung zieht sich Ihr verletzliches Herz zusammen. Es verschließt sich völlig, um sich zu schützen, und verhärtet.

Ihr Verlangen weilt frustriert hinter den Mauern schmerzhafter Verschlossenheit. Wut baut sich auf. Sie schreien. Sie stellen Forderungen. Sie werden zornig. Und unter alldem schmerzt Ihr Herz, denn es möchte sich ja nur entspannt für die Liebe öffnen. Hinter weiblicher Wut steckt meistens eine tiefe Sehnsucht nach Liebe.

Das maskuline Herz sehnt sich nicht so sehr nach Liebe als vielmehr nach Freiheit. Es träumt nicht davon, in Fülle anzuschwellen, sondern endlich frei und aller Beschränkungen ledig zu sein. Wenn Sie sich sehr anstrengen, werden Ihre Lasten eines Tages leichter werden. Sie werden genug Geld haben, um das zu tun, was Sie tun möchten. Sie werden sich eine großartige Theorie ausdenken und die Probleme werden sich lösen. Sie werden Ihre Projekte abschließen und keine Verpflichtungen mehr haben. Sie werden so viel wissen, so viel haben oder so erfolgreich sein, dass Sie vor Verlusten und Misserfolgen keine Angst mehr haben.

Warten Sie in diesem Moment darauf, erst irgendetwas zu erreichen, bevor Sie bereit sind, sich entspannt zu öffnen, so wie Sie gerade sind? Ist Ihr Arbeitsleben auf „den einen Tag" ausgerichtet, an dem Sie endlich ungehindert das tun können, was Sie wirklich wollen? Werden Sie manchmal wütend auf Ihre Gefährtin oder Ihre Kinder, weil Sie sich von deren Bedürfnis nach Beachtung eingesperrt fühlen?

Wenn sich das maskuline Herz von Verpflichtungen eingesperrt fühlt – zu denen auch Liebesverpflichtungen gehören –, hat es irgendwann das Gefühl, in der Falle zu stecken. Der Verlust der Freiheit bedrängt das maskuline Herz. Auch wenn Sie sich für Ihre Karriere, Ihre Familie und Ihre Partnerbeziehung entschieden haben, fühlen Sie sich vielleicht trotzdem dadurch eingeengt. Sie fangen an zu träumen, wie es wohl wäre, frei und ungebunden zu sein.

Machen Sie sich klar, dass Wut unterschiedliche Ursachen haben kann: Ihr femininer Liebespartner sehnt sich nach Liebe, Ihr maskuliner Liebespartner sehnt sich nach Freiheit. Sie können die Wut Ihres Liebespartners beschwichtigen, indem Sie dem femininen Herzen tiefe Liebe schenken und das maskuline Herz von Verpflichtungen – selbst von der Forderung nach Beachtung – befreien, damit es sich auf die Freiheit einlassen kann. Doch wenn Sie bekommen, was Sie brauchen, spornt Sie das nicht immer an, sich tiefer als jene Bedürfnisse zu öffnen.

Ihre Bedürfnisse – und Ihre Wut – können Hinweise darauf sein, dass Sie sich tiefer öffnen sollen. Warum öffnen Sie sich nicht genau jetzt tiefer als Ihr Bedürfnis nach Liebe oder Freiheit? Weil Sie in eine Lebensgeschichte verstrickt sind – ein Bedürfnisdrama –, das unvermeidlich oder zumindest bedeutungsvoll scheint.

Das feminine Herz wird in das nie enden wollende Drama von Liebe und Liebesmangel hineingezogen: Ja, ich werde geliebt; nein, ich werde nicht geliebt; ja, ich werde geliebt; nein, ich werde nicht geliebt ...

Das maskuline Herz lässt sich von der Illusion fesseln, dass es auf die Freiheit hinarbeitet: Ich bin erfolgreich, ich versage, ich bin erfolgreich, ich versage ...

Sie können Ihrem Liebespartner vorübergehend Erfüllung schenken – „Ja, ich liebe dich wirklich" oder „Ja, du bist sehr erfolgreich" –, aber wenige Minuten später geht das Drama weiter. Wenn Sie eine eher maskuline Essenz haben, beschert Freiheit Ihnen Glück, aber der *Kampf* um die Freiheit gibt Ihnen das Gefühl, wichtig zu sein. Es gibt Ihrem Leben einen Sinn, wenn Sie sich aus der Falle herausmanövrieren. Wenn es keine Probleme zu lösen gibt, fühlen Sie sich eine Zeit lang frei, aber dann langweilen Sie sich, kommen sich nutzlos und verbraucht vor. Der Kampf um die Freiheit erweckt den Eindruck, als sei die Aufmerksamkeit für Ihr Leben von Bedeutung.

Selbst unbedeutende Herausforderungen – wie Eingesperrtsein und Ausbrechen – scheinen Ihrem Leben einen Sinn zu geben. Wenn Sie allein herumsitzen, nehmen Sie sich ein Kreuzworträtsel vor. Zu Hause sehen Sie sich in einer freien Minute Sportsendungen an. Sie verfolgen den Börsenmarkt. Sie fühlen sich eingesperrt von den Zwangslagen des Lebens, von denen Sie sich befreien wollen. Erbarmungslos jagen Sie finanziellem Erfolg, künstlerischem Ausdruck, gesellschaftlicher Veränderung oder spiritueller Befreiung nach.

Wenn Sie sich jetzt für die Freiheit öffnen, wird sofort klar, dass Ihr maskulines Abenteuer ein unnötiger Kampf ist, und Ihr Bedürfnis, wichtig zu sein, löst sich in Luft auf. Sie sind als spontanes Geschenk lebendig. Jeder Augenblick ist nur ein Augenblick, der kommt und wieder vergeht. So wie Sie. Offen und in der Lage, alles zu geben. Nichts zurückzuhalten, sondern offen und bereit, alles zu geben.

Und was passiert, wenn das *Feminine* sich hin und wieder für die Liebe öffnet? Wer sehnt sich nach Bewunderung, wenn er offen wie knospende Liebe ist, voll und ganz in diesen Moment geboren wird und als alles und jeder lebendig ist? Wen verlangt es danach, umsorgt zu werden, wenn er für Liebe offen ist, die im Überfluss vorhanden ist? So wie das Maskuline sich eingesperrt fühlen *muss*, um zu spüren, dass es eine wichtige Aufgabe hat, *muss* sich das Feminine ungeliebt fühlen, damit es in dem herzzerreißenden Drama mitspielen kann, in dem es darum geht, seinen Selbstwert zu festigen.

Was gibt es zu tun, wenn Sie so voller Liebe sind, dass mehr Liebe nicht möglich ist? Wenn Sie wirklich darauf vertrauten, dass alles in Ihrem Leben Liebe ist, womit würden Sie sich dann emotional beschäftigen? Liebe, die nicht aufhört und im Überfluss vorhanden ist, bedeutet das Ende des weiblichen Dramas. Wenn Sie also eine feminine Essenz haben, werden Sie die Liebe auf die Probe stellen. Die Liebe sabotieren. Die Liebe ablehnen. Sie sehnen sich danach, zu spüren, dass die Liebe Ihren Prüfungen standhält, von Ihren Sabotagen unberührt bleibt und sich trotz Ihrer Ablehnung durchsetzt. Sie möchten spüren, dass Ihr Liebster Sie selbst dann liebt, wenn Sie ihm Widerstand leisten. *Vor allem* wenn Sie Widerstand leisten. „Du liebst mich nicht", werden Sie sagen, und hoffen doch insgeheim, Ihr Liebster sagt: „Doch, ich liebe dich." „Lass mich allein", werden Sie sagen und die Tür zu Ihrem Zimmer schließen, in der Hoffnung, Ihre Liebste würde hereinkommen. Liebe im Überfluss ist nicht genug. Es ist die *Beharrlichkeit* der Liebe, die Ihnen wertvolle Freude bereitet, auch wenn Sie sie ablehnen. Im weiblichen Drama geht es um Liebe, die Unliebe *überwindet*.

In einer guten Liebesgeschichte muss die Liebe in irgendeiner Weise bedroht sein – durch Tod, Verrat, Ablehnung oder tragische Zufälle. In einer erfüllenden Liebesgeschichte setzt sich die Liebe durch. Im weiblichen Drama geht es um den Triumph der Liebe über den Verlust, so wie es beim männlichen Abenteuer darum geht, sich aus Zwängen zu befreien. Liebe und Freiheit sind Ihre wahre Natur, aber Sehnsucht und Kampf sind die Geschichte Ihres Lebens. Es ist eine falsche Annahme, die Ihre Existenz in Zeit und Raum unterstützt.

Vielleicht sind Sie wütend, weil Unliebe Ihr Herz verletzt oder Alltagsverpflichtungen es eingesperrt haben, aber Sie können sich genau jetzt dafür entscheiden, tiefer als Ihre Lebensgeschichte zu gehen. Mit der Energie Ihrer Wut können Sie dem Impuls Einhalt gebieten und ins Herz dieses Augenblicks eintauchen. Statt Vorwürfe und Hoffnungen auf Menschen und das Leben zu projizieren – als könnten Ihre Beziehungen und Pläne Ihnen jemals wahre Erfüllung schenken –, spüren Sie in das tiefste Begehren Ihres Herzens hinein und folgen Ihrer Tiefe.

Fühlen Sie, wie Ihr Herz schlägt. Fühlen Sie tiefer als Ihr schlagendes Herz, in die Tiefe der Liebe hinein. Fühlen Sie so tief hinein, dass Sie sich grenzenlos offen fühlen. Versuchen Sie das jetzt einmal, auch wenn Sie wütend, verletzt oder enttäuscht sind. Was immer Sie im Herzen fühlen, fühlen Sie tiefer hinein, so tief, wie Ihr Gefühl fühlen kann.

Während Sie in die grenzenlose Offenheit der Tiefe hineinfühlen, fühlen Sie jedes einzelne Ding, das geschieht – Ihre Gedanken, Ihren Atem, den Boden unter Ihren Füßen, den Himmel über Ihnen. Lassen Sie zu, dass alles den Moment mit Düften, Erinnerungen, Emotionen, Empfindungen, Farben und Klängen überschwemmt und öffnet. Fühlen Sie sich jetzt für den ganzen Augenblick offen.

Fühlen Sie, wie lange „jetzt" dauert. Fühlen Sie, wie lang Sie jetzt sind. Fühlen Sie sich als das ganze Jetzt, so tief nach innen, wie Sie können, so weit nach außen, wie Sie können, so lang, wie sich das Jetzt öffnet. Fühlen Sie jeden Teil des ganzen Augenblicks, so wie er ist, so tief und weit, wie Sie fühlen können.

Lassen Sie sich darauf ein, um sich für diesen ganzen Moment offen fühlen zu können.

Die Liebe, nach der Sie sich sehnen, die Freiheit, die Sie erstreben, ist so lebendig, wie Sie jetzt offen sind.

34
Vertrauen Sie ihm mehr als sich selbst

Will eine Frau tiefstes sexuelles Glück und Offenheit erleben, muss sie dem maskulinen Pol ihres Partners mehr vertrauen als ihrem eigenen.

Die meisten Frauen sind zu sehr intensivem Sex fähig. Der Körper und das Herz einer Frau sehnen sich danach, richtig mitgerissen zu werden und in den Wellen des Vergnügens und glückseliger Liebe völlig aufzugehen. Aber in der Praxis sieht es meistens anders aus.

Wenn es Ihnen so geht wie den meisten Frauen, dann wissen Sie, dass Sex besser sein könnte, als er gewöhnlich ist. Selbst wenn Sie es noch nicht erlebt haben, vermuten Sie, dass Sex ein größeres Potenzial birgt, obwohl Sie vielleicht nicht genau wissen, wie Sie es sich erschließen können.

Die meisten Frauen (und Männer) müssen sexuelle Fähigkeiten erlernen und Gefühlsknoten lösen. Aber ganz egal wie gut oder locker Sie im Bett werden: Ihr Partner, Ihre Partnerin spielt eine große Rolle dabei, wie weit Sie sich sexuell, körperlich, emotional und spirituell öffnen wollen.

Zu gutem, mitreißendem Sex gehört das liebevolle Spiel maskuliner und femininer Kräfte. Das Maskuline ist Bewusstsein und zeigt sich körperlich als Präsenz und Entschlossenheit. Das Feminine ist Liebeslicht und zeigt sich körperlich als Strahlen und Lebenskraft. Eine maskuline Person mit Sexappeal ist sehr präsent und zielstrebig. Eine feminine Person mit Sexappeal ist sehr strahlend und strotzt vor Lebenskraft. Präsenz und Strahlen ziehen sich an und können beim Sex eins werden.

Im Grunde sind das Maskuline und das Feminine Facetten des einen bewussten Lichts, des Göttlichen, für das es viele Bezeichnungen gibt. Damit die Sexualität ihre volle Ausdruckskraft erreicht, ist Liebe eine notwendige, aber nicht hinreichende Voraussetzung. Damit beim Sex beide mitgerissen werden, muss einer der Partner die maskuline Kraft des Bewusstseins, der Präsenz und der Zielgerichtetheit verkörpern und der andere Partner die feminine Kraft des Liebeslichts, des Strahlens und der Lebenskraft. Heutzutage haben viele Männer und Frauen Angst, diesen göttlichen Aspekt beim Sex zum Ausdruck zu bringen. Warum?

Jeder Mensch, ob Mann oder Frau, trägt in sich maskuline und feminine Anteile. Früher waren Männer und Frauen aufgrund gesellschaftlicher Regeln gezwungen, immer die männliche beziehungsweise die weibliche Rolle zu spielen, in der sie sich bald unterdrückt und eingeengt fühlten. Deshalb idealisiert die heutige Gesellschaft Männer und Frauen, die ausgewogen sind: Menschen, die sowohl das Maskuline als auch das Feminine insofern verkörpern, als sie psychologisch betrachtet „heil oder ganz" und daher nicht auf eine Beziehung angewiesen sind.

Ganzheit ist ein Zeichen psychischer Gesundheit. Von spiritueller Reife spricht man hingegen, wenn Menschen fähig sind, einen Schritt weiter zu gehen und ihre Grenzen hinter sich zu lassen, um etwas zum Ausdruck zu bringen und zu verwirklichen, das größer ist als sie selbst. Um Ihre ichbezogene Ganzheit zu überwinden, können Sie und Ihr Liebespartner lernen, Ihre Grenzen zu öffnen und die sexuelle Unabhängigkeit dem göttlichen Spiel *zweier Körper* zuliebe aufzugeben.

Wenn Sie beim Sex den femininen Part spielen, soll Ihnen die unerschütterliche Präsenz Ihres Liebsten die Sinne rauben, sie soll Sie über alle Widerstände hinaus in die überwältigende Fülle der Liebe tragen und ins Glück mitreißen. Wenn Sie den maskulinen Part spielen, möchten Sie das Vertrauen Ihrer Liebsten spüren und ebenfalls von ihrer strahlenden Hingabe mitgerissen werden. Wenn Ihr Herz Vertrauen fasst, lassen Sie Ihre Grenzen hinter sich, und Maskulines und Feminines öffnen sich – manchmal wild, manchmal geläutert – für das eine bewusste Licht.

Doch wenn Sie an Ihrer psychischen Ganzheit festhalten, wollen Sie die Grenzen Ihrer Ichbezogenheit nicht aufgeben. Wenn es Ihnen so geht wie vielen modernen Frauen, haben Sie hart daran gearbeitet, sinnvolle Grenzen zu ziehen und Ihre eigene Zielstrebigkeit und Ihren Lebenssinn zu verwirklichen; es erscheint Ihnen gefährlich, das Steuer aus der Hand zu geben. Doch wenn Sie eher eine feminine Essenz haben, sind dieses Vertrauen und die sexuelle Hingabe genau das, wonach sich Ihr tiefes Herz sehnt. Wenn Sie sich also beim Sex weit öffnen wollen, können Sie üben, Ihrem Liebespartner die maskuline Rolle zu überlassen und selbst die feminine zu spielen.

Die Sache wird zudem noch dadurch erschwert, dass heute bei vielen Frauen die maskuline Seite stärker ausgeprägt ist als bei ihrem Liebespartner. Vielleicht wollen Sie sich der maskulinen Entschlossenheit Ihres Partners nicht ausliefern, weil Sie ihr nicht trauen. Und wenn diese Eigenschaft bei Ihnen höher entwickelt ist als bei Ihrem Partner, dann sollten Sie sich seiner maskulinen Seite *nicht* ausliefern. Sie haben mehr davon, wenn Sie selbst das Steuer in der Hand haben und beim Sex Ihrer eigenen Führung folgen! Aber wenn Sie es doch tun, dürfen Sie nicht erwarten, dass Ihr maskuliner Liebespartner Sie lange begehren wird.

Möchten Sie gern spüren, dass Ihr maskuliner Partner den Wunsch hat, in Ihr feminines Strahlen einzutauchen? Anders gesagt: Wie attraktiv fänden Sie es, wenn Ihr Partner sein eigenes Strahlen dem Ihren *vorzöge*? Würde es Sie antörnen, wenn er sein Bild ihm Spiegel häufiger betrachtet als Sie, sich selbst begehrt und sich von seiner eigenen Schönheit und seinem eigenen Leuchten inspirieren lässt?

Wäre es für Sie sexuell attraktiv, wenn Ihr maskuliner Partner „unabhängig strahlt“, so dass er sich an seinem eigenen Leuchten mehr erfreut als an Ihrem? So empfinden Sie ihm gegenüber, wenn Sie „selbstbestimmt zielstrebig“ sind und Ihrer eigenen Navigation mehr vertrauen als seiner. Wenn Sie eine feminine sexuelle Essenz haben, wünschen Sie sich zutiefst, er möge Ihr Strahlen mehr begehren als sein eigenes; er wiederum möchte, dass Sie seine Navigation mehr begehren als Ihre eigene. Das ist die Art, wie das Göttliche durch Ihre beiden Körper lieben will.

Die Wahrheit ist ganz einfach: Wenn Sie sich sexuell dem Weiblich-Göttlichen öffnen wollen, werden Sie das tiefe Glück des Mitgerissenwerdens nur mit einem Liebespartner erfahren, der beim Sex tiefer als Sie navigieren kann. Dazu müssen Sie *seiner maskulinen Seite mehr vertrauen als Ihrer eigenen*.

So ist das. Es spielt keine Rolle, wie viele sexuelle Tricks Sie auf Lager haben und wie offen Sie emotional sind. Wenn Sie der maskulinen Kraft Ihres Partners und seiner Entschlossenheit nicht größeres Vertrauen entgegenbringen als Ihrer eigenen, dann werden Sie sich nicht vollständig öffnen. Sie werden Ihre Grenzen bewahren und sich dem Männlich-Göttlichen, das Sie sexuell mitreißen würde, nicht vertrauensvoll hingeben. Ihr Partner muss mit seinem maskulinen Bewusstsein, seiner Präsenz und seiner Entschlossenheit in der Lage sein, Sie zu einer tieferen, glücklicheren und offeneren Liebe hinzuführen, als Sie es selbst tun könnten – sonst werden Sie sich seiner Führung nicht anvertrauen. Sie werden sich nicht vollständig öffnen, und beim Sex wird das himmlische Mitgerissensein fehlen.

Sind Ihre innere maskuline und feminine Seite im Gleichgewicht und haben Sie sich zu einem unabhängigen, ganzen Menschen entwickelt, dann sind Sie psychisch ganz. Um aber himmlisches *sexuelles* Glück zu erleben, müssen Sie noch einen Schritt weiter gehen. Im Alltag bleiben Sie weiterhin ein ganzer Mensch, lernen aber nebenbei, Ihre Grenzen beim Sex zu überwinden, indem Sie sich ganz und gar von der göttlich-männlichen Kraft erfassen lassen. Wenn jedoch Ihre maskuline Seite stärker entwickelt ist als die Ihres Liebespartners, werden Sie sich nicht völlig hingeben – und das ist auch gut so! Warum sollten Sie beim Sex der Führung Ihres Liebespartners folgen, wenn Sie im Herzen wissen, dass Ihre eigene tiefer und wahrer ist?

Wollen Sie als femininer Sexualpartner den Sex als vollkommenes göttliches Spiel erleben, müssen Sie sich deshalb einen Liebespartner suchen, der Ihr Vertrauen verdient hat. In einer Beziehung kann Ihr Partner seine Präsenz immer ganz ausleben, so wie Sie seine herzenswahre Navigation annehmen. Vor allem sollte das maskuline Bewusstsein, das heißt die Präsenz und Entschlossenheit Ihres Partners, weiter entwickelt sein als Ihres, und er sollte besser als Sie selbst in der

Lage sein, Sie zu völliger sexueller Offenheit und spiritueller Hingabe zu führen.

Kann Ihr Liebespartner Ihnen dieses Geschenk machen, dann geben Sie doch die Führung beim Sex ab und lassen Sie sich hingebungsvoll mitreißen, so wie Sie es sich immer sehnlich gewünscht haben!

Falls Sie der maskulinen Entschlossenheit Ihres Partners weniger vertrauen als Ihrer eigenen, wird Ihrer Liebe das tiefe Mitgerissenwerden fehlen. Falls Ihnen Liebe allein genügt, dann ist das Spiel von Männlich und Weiblich bedeutungslos. Liebe bekommen Sie von Ihren Freunden, Kindern und Eltern. Sie können Ihren Intimpartner auf viele Arten lieben: beim Schmusen, bei der Gartenarbeit, durch die Gründung einer Familie. Liebe ist die Natur Ihres Seins, die Natur alles Seienden. Liebe ist die Offenheit jedes Augenblicks.

Sehnen Sie sich hingegen nach einer Liebe, zu der das *mitreißende* sexuelle Spiel gehört – bei dem Sie genommen, weggefegt und von der unerbittlichen Kraft der männlich-göttlichen Präsenz überwältigt werden –, dann brauchen Sie einen Liebespartner, dessen maskuliner Entschlossenheit Sie mehr vertrauen – und die Sie mehr begehren – als Ihrer eigenen. Nur so werden Sie sich gestatten, sich hinzugeben, zu empfangen, aufzublühen und sich dem vollen Licht der Liebe des Augenblicks ganz zu öffnen.

35
Übertreiben Sie den Sex, um die Liebe zu befreien

*Dehnen Sie Ihre Grenzen aus,
damit Ihr natürliches Strahlen und Ihre innere Präsenz
zum Vorschein kommen.*

Stellen Sie sich die köstlichste, hemmungsloseste sexuelle Liebe vor. Nicht nur braven, nicht nur liebevollen Sex, sondern Sex, bei dem Sie anschließend in Liebe *zu Grunde gerichtet* sind. Sie sind offen, völlig fertig und aufgelöst. Hilflos werden Sie von Ihrem Liebespartner genommen, aufgefressen und vom Gewicht der Liebe erdrückt. Sie geben alles, Sie lieben Ihren Liebsten zu Tode, Sie „töten" Ihren Liebsten sanft in Liebe, der Ihnen sein ungeschütztes Herz dargeboten hat und sich wünscht, ja darum fleht, genommen zu werden.

Gemeinsam öffnen Sie sich so weit, dass Ihr ganzer Körper von Liebe durchdrungen wird. Ihre Körper sind von Licht durchdrungen, Ihr Geist öffnet sich so klar wie tiefes Wasser, Ihre Empfindungen lassen den ganzen Moment in Flammen auflodern und öffnen ihn – und dennoch geht Ihr Liebesspiel leidenschaftlich, feucht und lebendig weiter.

Wie sollen Sie sich sexuell mitreißen lassen, wenn Sie der Navigation Ihres maskulinen Liebespartners noch nicht bis in die Tiefen der Liebe vertrauen oder Sie die köstliche, lustvolle, offene Hingabe Ihrer femininen Liebespartnerin noch nicht annehmen können?

Schenken Sie als femininer Liebespartner Ihrem maskulinen Partner in einer Beziehung mehr Liebeslicht, damit er tiefere Präsenz zeigt. Die Fülle Ihres Liebeslichts und die Tiefe seiner liebevollen Präsenz gehen gemeinsam tiefer. Beim Sex sind Sie immer zwei Seiten eines Augenblicks – Licht und Bewusstsein, die durch zwei Körper miteinander verschmelzen, um sich für das eine bewusste Licht zu öffnen.

Das Feminine ist als Liebeslicht lebendig, und Ihr femininer Körper schenkt Ihrem maskulinen Gefährten Genuss. Er liebt es, Ihren Körper zu sehen, der durchs Leben gereift, lustvoll und mit Liebe lebendig ist. Er spürt gern, wie Ihr Körper nachgibt und sich ihm öffnet, so wie das Licht sich dem Bewusstsein öffnet, um seine Präsenz tief zu empfangen. Er möchte in Sie hineinschlüpfen, Sie erfüllen und Sie durchdringen, damit Sie den Liebestod sterben, aber er wird nur so weit eingelassen, wie Sie ihm vertrauen. Je mehr Ihr Körper sich öffnet und die Lust der Liebe deutlich zeigt, desto mehr verlangt es Ihren maskulinen Gefährten danach, in Ihr Herz-Licht einzutauchen und Sie noch weiter mitzunehmen, als Sie es allein tun würden.

Je oberflächlicher Ihre körperliche Lust ist, desto oberflächlicher wird die Präsenz Ihres Liebespartners sein. Wenn er Sie mit vollkommener Integrität und vollkommen präsenter Navigation in die Tiefen der Liebe *mitnehmen* soll, dann bieten Sie ihm vertrauensvoll Ihren offenen, hingerissenen Körper dar. Erweitern Sie diese sexuellen Gaben, um seine bewusste Präsenz zu steigern.

Wenn Sie lustvoll stöhnen wollen, erweitern Sie Ihr Angebot. Stöhnen Sie so laut, winden Sie sich so hemmungslos, dass Ihr Körper Ihren Liebespartner verschluckt, wie ein aufgewühltes Meer der Lust, das sich unter seinem Boot in einem Strudel aufbäumt. Zwingen Sie ihn, mit größerer Präsenz zu navigieren, indem Sie ihm Ihre Gaben der Lust ungekünstelt darbieten.

Lächeln Sie „Ja", wenn er mit Ihnen tiefere Gewässer ansteuert. Halten Sie kurz inne, um ihn daran zu erinnern, wieder präsent zu sein, falls er sich in seinem eigenen Vergnügen oder in Ihrem verliert. Während er lernt, präsent zu bleiben, übertreiben Sie Ihre Show. Wenn er Ihren Nacken bewusst leidenschaftlich küsst, nehmen Sie den Genuss so tief in sich auf, dass er durch Ihren ganzen Körper hallt und dieser vor Lebenskraft erbebt, Ihre Lippen das Wort „Liebe" formen und Ihr Becken sich zu Ihrem Partner reckt, damit er es erfüllt.

Ihre feminine sexuelle Gabe ist es, sich als Liebeslicht darzubieten, um genommen und von Bewusstsein durchdrungen zu werden. Zeigen Sie sich mit Ihrem ganzen Körper als Licht, das zu jedem Augenblick von der Liebe genommen, gesehen, gefühlt, durchdrungen, durchschossen, mitgerissen, getötet werden will.

Übertreiben Sie Ihre Show, indem Sie die Bandbreite Ihrer sexuellen Lust zeigen und dabei immer aus tiefstem Herzen schenken. Praktizieren Sie die feminine sexuelle Kunst, den Körper des Lichts darzubieten: feucht, weit und sichtbar offen, ausgehungert. Und fühlen Sie sich, als ob dieser Moment der einzige wäre, voller Lebenskraft. Schreien Sie lauter, inbrünstiger, lassen Sie Ihre Lust raus, damit Ihr Liebster sie fühlen kann, so wie der Moment Licht aussendet, um gesehen zu werden – weit offen als voll erblühtes Leben. So macht es das Feminine.

Als maskuliner Partner üben Sie, Ihre Partnerin bewusst mit dem Herzen zu fühlen, sie zu berühren, ohne sie anzugrapschen, sie zu schmecken, ohne zu geifern. Erspüren Sie wie ein Surfer, der die Wellen reitet und nicht lange an einer Stelle verweilt, die Energie Ihrer Liebespartnerin in allen Nuancen – ihren Atem, ihre Bewegungen, ihr Erschaudern, ihre Verspannungen und ihr Flüstern – und führen Sie sie liebevoll über diesen Augenblick hinaus an den Strand der Offenheit.

Spüren Sie wie ein Soldat mit geschärften, weit offenen Sinnen ganz sensibel in ihre unsichtbaren Stellen hinein, indem Sie ihr undurchdringliches Dickicht mit dem bewussten Feuer Ihres Atems und Ihrer Lenden überziehen und sich Zentimeter um Zentimeter tiefer in ihre Liebe hineinbewegen, während sie sich von Ihnen zärtlich beobachten lässt.

Wenn Sie spüren, dass Ihre Partnerin irgendwo verschlossen ist, atmen Sie ihre Spannung ein, wärmen Sie sie mit der Hitze Ihres Liebesbegehrens, und erfüllen Sie sie mit noch weiter geöffnetem Herzen und drängender sanfter Offenheit. Atmen Sie ihren ganzen Körper, als wäre es Ihrer. Atmen Sie ihren Körper, damit er sich Augenblick um Augenblick, Kuss um Kuss, Stoß um Stoß öffnet. Bleiben Sie bei ihr, mal ruhig, mal wild, indem Sie tief in ihr Herz hineinspüren, während sie sich in Wellenbewegungen öffnet und schließt, die Ihre Navigation auf die Probe stellen. Spüren Sie auch dann in ihr Herz hinein, wenn sie sich gerade in lustvollem Schmerz aufbäumt. Spüren Sie durch Ihre eigene Lust in ihre Offenheit hinein, auch wenn Ihr Fleisch dabei versengt wird.

Während sie immer wilder wird und sich weiter öffnet, dringen Sie so in sie ein, dass sie sich noch weiter öffnen muss. Zwingen Sie sie sanft und liebevoll, sich über die Lust hinaus der Liebe zu öffnen, verschmelzen Sie noch mehr miteinander und vertiefen Sie die Gefühle, indem Sie ihr Herz einatmen. Egal wie heftig oder sanft Ihre Körper sich winden und hin- und herwälzen, bleiben Sie im Herzen zärtlich und für ihre und Ihre eigene Tiefe offen. Bleiben Sie hartnäckig. Gefühlvoll, aber hartnäckig.

Ob Sie mit Integrität navigieren können, hängt davon ab, wie stark Ihre Tiefe ist. Ihre Aufmerksamkeit mag zu attraktiven oberflächlichen Merkmalen abschweifen: Brüsten, Lippen, Arsch. Tauchen Sie durch ihre verlockenden Pforten in ihr köstliches Strahlen ein. Sondieren Sie ihr Herz wie ein Gefühlssonar, und atmen Sie ihre grenzenlose Offenheit, bleiben Sie nicht bei Oberflächlichkeiten. Fühlen Sie sich weiterhin für die Tiefe der Liebe offen, während Sie sich auch an dem von ihr dargebotenen Funkeln, den Fältchen, Brustwarzen und ihrem Glanz erfreuen.

Sie sind kurz davor, zu vergehen. Sie ist kurz davor, zu vergehen. Spüren Sie das Vergehen, während Sie sich öffnen und mit dem Herzen Ihrer Liebespartnerin eins werden. Lieben Sie mehr, als Sie jemals geliebt haben, und spüren Sie alles Vergehen.

Dieser ganze Augenblick wird in voller Blüte geboren und ist gleich wieder vorbei – und Sie beide mit ihm. Spüren Sie, wie der ganze Augenblick – auch Sie selbst und Ihre Liebste – im Licht der Liebe aufgehen.

Lieben Sie sich zu Tode und gehen Sie erneuert daraus hervor. Seien Sie beide in Ihrer Liebe offen für das bewusste Licht.

Der maskuline Partner öffnet seine Liebste mit seiner Atmung, indem er ihre Verschlossenheit mit seiner behutsamen, beharrlichen Kraft der Präsenz zu sanfter Hingabe erwärmt. Die feminine Partnerin bietet ihr ungebändigtes Licht als Pforte für das Eindringen ihres

Liebsten dar, indem sie seine schweifende Aufmerksamkeit mit ihrer genießerischen Lust anlockt und ihn mit der Hingabe ihres Herzens in die Tiefe ruft.

Wenn Ihr Gefährte sich verschließt, dann locken Sie sein Herz mit Humor. Lockern Sie den Augenblick mit einem Kitzeln, einem Geräusch oder einer lustigen Grimasse auf, und hören Sie nicht auf, die Gabe Ihres sexuellen Liebens, Augenblick um Augenblick, Jahr um Jahr zu vertiefen.

36
Halten Sie nichts zurück

Eine Frau sagt ihrem Partner oft nicht direkt, wie sehr sie seine Gaben schätzt.

Ein Mann gibt sich manchmal sehr viel Mühe, um seine Partnerin zu beschenken. Er leistet harte Arbeit für sie, schafft Kunst, kauft ihr teuren Schmuck und hilft ihr, zu wachsen. Aber wenn er darauf wartet, dass sie dies anerkennt, leidet er. Gegenüber einem Mann, der das Gefühl braucht, anerkannt zu werden, kann eine Frau ihre Anerkennung nicht richtig zum Ausdruck bringen.

Eine Frau möchte das Gefühl haben, dass ihr Partner nicht auf sie angewiesen ist. Sie möchte spüren, dass ihr Partner sie will, sie begehrt, sie aber nicht *braucht*. Ein bedürftiger Mann macht sie nicht an. Das Geschenk eines Mannes, der Anerkennung für das braucht, was er ihr gibt, verliert seinen Wert.

Natürlich sind alle Männer in gewisser Hinsicht bedürftig. Will ein Mann ein ganzer Mensch werden, muss er lernen, seine Bedürfnisse klar zu äußern. Um aber über ichbezogene Ganzheit hinauszuwachsen und sich wirklich ganz zu öffnen, kann er die Erfahrung machen, dass sein Leben ein echtes Opfer ist. Ein gut gelebtes Leben ist ein Leben, in dem Sie Ihre Gaben rückhaltlos geben und nichts zurückhalten – auch wenn Ihre Gabe weder gewürdigt, anerkannt noch beachtet wird.

Die meisten Frauen wollen einen Mann, der im Geben stark ist, einen Mann, dem sie nicht auf die Schulter klopfen müssen, damit er die Welt oder sie weiterhin mit seinen Gaben beschenkt. Er geht darin auf, seine Gaben zu schenken, auch wenn die Welt oder die Frau diese ablehnt. Eine Frau möchte gern spüren, dass ihr Partner seinen Weg aufrecht weitergeht, auch wenn sie ihn nicht anerkennt. Dann kann sie ihm vertrauen. Seine Bedürfnisse – und damit ihre Stimmungen – können seinem Leben nichts anhaben.

Wenn Sie ein Mann sind, dann achten Sie einmal darauf, wie viel Anerkennung Sie von Ihrer Partnerin oder der Welt für Ihre Gaben bekommen wollen. Jeder Mann möchte für das, was er gibt, anerkannt werden, aber Ihre Gaben brauchen nicht an Wert zu verlieren, nur weil sie scheinbar unbemerkt bleiben. Sie können lernen, Ihre Gaben ganz zu geben, ohne etwas zurückzuhalten, während Sie auf die entsprechende Anerkennung warten – die selten so umfassend erfolgt, wie Sie hoffen, vor allem dann, wenn Sie sie am dringendsten brauchen.

Mit der Zeit erkennen Sie, dass die fehlende Anerkennung Ihrer Partnerin eine Prüfung ist. Geben Sie wie ein Künstler, der Kunst zum Ausdruck bringen muss, wie ein Heiliger, der Mitgefühl schenken muss, wie ein Vater, der seinen Kindern die bestmögliche Erziehung angedeihen lassen muss, egal wie viel Anerkennung er dafür bekommt? Können Sie vor Ihrem Tod von sich behaupten, dass Sie sich der Welt, Ihrer Partnerin, Ihrer Familie mit Haut und Haaren überlassen und ihnen nichts vorenthalten haben? Oder sind Sie immer noch ein kleiner Junge, der alles Mögliche tut, damit Mami ihn lobt? Die Anerkennung, die Sie sich von Ihrer Partnerin wünschen, aber nicht bekommen, ist eines der wenigen Dinge, die Ihnen dabei helfen, über Ihre Bedürftigkeit hinaus zu reifen.

37
Schenken Sie Sexualität zum Wohle aller

Um Konflikte in Ihrer Partnerbeziehung zu überwinden, müssen Sie oft genau das hergeben, was Sie gern behalten wollen.

Wie können Sie bei einem Konflikt mit Ihrem Liebespartner die Energie von der Spannung hin zur Leidenschaft verlagern? Ist Ihr Liebespartner ein Mann, packen Sie ihn an den Genitalien. Ist es eine Frau, dann seien Sie mit hingebungsvollen Blicken, liebevollen Worten und zärtlichen Berührungen ganz präsent bei ihr.

Der Körper eines Mannes ist so gebaut, dass zuerst der sexuelle Fluss und dann die emotionale Offenheit kommt. Mit offenkundigen sexuellen Berührungen kann man das verschlossene Herz der meisten Männer schnell öffnen. Aber bei einer Frau kommt zuerst die emotionale Offenheit und dann der sexuelle Fluss. Das heißt, dass die meisten Frauen sich erst dann sexuell öffnen wollen, wenn sie emotional offen sind.

Männer mit maskuliner Essenz öffnen sich zuerst für die Energie und dann für die Gefühle. So ein Mann muss oft spüren, dass lustvolle sexuelle Energie fließt – das Haar seiner Partnerin streift seine Lenden, ihre Lippen liebkosen seinen Nacken, ihre Brustwarzen berühren leicht seine Schenkel –, bevor er sich so weit entspannt und sich ins Leben hineinziehen lässt, dass er sich emotional öffnet. Das Maskuline ist mit Leben und Körper nicht vertraut und muss deshalb zuerst zur Fleischeslust verlockt werden, bevor es bereit und fähig ist, über das Herz zu kommunizieren.

Für Frauen mit femininer Essenz kommt zuerst die emotionale Öffnung und erst dann fließt Energie. So eine Frau möchte spüren, dass ihr Partner präsent und fürsorglich ist und sein Herz sich mit ihrem verbindet. *Erst dann* öffnet sie sich dem Fluss der sexuellen Energie. Ist eine Frau verspannt und verschlossen, wäre es falsch, wenn ihr Partner ihr plötzlich an die Brüste greift. Sie wäre wütend, würde sich noch mehr verschließen und sein unsensibles Grapschen würde sie vielleicht sogar abstoßen.

Ist hingegen ein Mann verspannt und verschlossen, würde seine Partnerin sich wundern, wie schnell sich sein Herz öffnet, wenn er spürt, wie ihre Lippen seinen Penis umschließen – je unerwarteter und plötzlicher, desto besser. Ein Männerherz öffnet sich erst, wenn sexuelle Energie geflossen ist; bei einer Frau ist es genau umgekehrt.

In einer engen Beziehung können Sie einen Liebespartner mit entgegengesetzter sexueller Essenz oft genau durch das öffnen, was Sie nicht tun wollen. Wenn Sie wirkliche Nähe erleben wollen, müssen Sie wissen, wie Sie eine sexuelle Essenz aufschließen, die sich von der Ihren unterscheidet.

Wer das Herz eines Mannes öffnen will, dem muss klar sein, dass die maskuline Essenz die Gabe der Lebensenergie in einer Intimbeziehung gewöhnlich höher bewertet als die Gabe emotionaler Präsenz. Lebensenergie – die sexuell und als körperliches Strahlen zum Ausdruck kommt – hat einen so hohen Stellenwert, dass viele Männer eine Frau, die sie einst innig liebten, wegen einer Frau verlassen haben, mit der sie beim Sex tiefere Leidenschaft erleben können. Das menschliche Herz lässt sich von seinem Gegenpol öffnen. Maskulines *Bewusstsein* zieht es zu femininer *Energie*. Eine bewusst *präsente* Frau ist etwas Großartiges, aber eine herrlich *strahlende* Frau macht einen Mann glücklich, am Leben zu sein.

Andererseits sehnt sich eine strahlende Frau in einer Intimbeziehung nach tiefer *Präsenz*. Sie wünscht sich einen Mann, der sie wirklich spüren und durch ihre äußeren Schichten tief in ihr Herz hineinfühlen kann. Sie will keinen Mann, der zerstreut, wankelmütig und ziellos ist. Ein *strahlender* Mann ist etwas Großartiges, aber einem Mann, der wirklich *präsent* ist, kann die Frau vertrauen und sich öffnen und weiß, dass sie ihm etwas bedeutet. Sie kann die tiefe Integrität und das starke Bewusstsein ihres Gefährten spüren.

In Intimbeziehungen öffnen sich Männer am ehesten durch das Strahlen der Liebesgefährtin und ihre „in den Körper einladende" Energie. Die meisten Frauen öffnen sich eher, wenn ihr Gefährte Gefühlstiefe und eine starke, bewusste Präsenz zeigt. Dies gilt beim Liebesspiel und auch bei Konflikten in Intimbeziehungen.

Wenn jemand seinen Liebespartner verletzt, bestraft ihn der andere oft damit, dass er ihm seine Gaben vorenthält. Wenn Frauen das Gefühl haben, verschmäht zu werden, verschließen sie sich sexuell und schenken ihr Strahlen nicht mehr. Männer entziehen sich und schenken keine Präsenz mehr. Mit der Zeit versiegt der Fluss der Leidenschaft, wenn eine Frau sich unzufrieden verschließt oder ein Mann sich distanziert und ihr ausweicht. Um den Bogen der Anziehung in Ihrer Beziehung neu zu spannen, um in Ihrem Liebespartner wieder den innigen Wunsch zu wecken, sich mit Ihnen auf Herzensebene zu öffnen, üben Sie, die Gaben Ihrer sexuellen Essenz darzubieten. Schenken Sie Strahlen als Gabe für die Präsenz, und Präsenz als Gabe für das Strahlen.

Ist Ihr Liebster ein Mann mit maskuliner Essenz, versetzen Sie seinem Körper einen heftigen Schock, so dass seine Energie strömt, indem Sie seinen Körper mit Ihrem strahlenden Körper sexuell erregen, inspirieren und fesseln, und kommunizieren Sie *erst dann* mittels Blicken, Berührungen und Worten mit seinem Herzen. Ist Ihre Liebste eine Frau mit femininer Essenz, spüren Sie tief in sie hinein, indem Sie *zuerst* Ihre völlig präsente Liebe durch Blicke, Berührungen und Worte vermitteln und dann mit ihrem Herzen in süßer Verschmelzung in Verbindung treten, bis sie um sexuelle Berührung bettelt.

Ein unerwartetes Gedicht oder ein Blumenstrauß können eine Frau genauso öffnen wie unerwarteter Oralsex den Mann. „Habe ich dir schon mal gesagt, wie sehr ich dich liebe?", kann eine Frau genauso öffnen, wie der Satz „Habe ich dir schon mal gesagt, wie gern ich dich im Mund habe?" einen Mann öffnen kann. Im Grunde genommen wollen sich alle Männer und Frauen in tiefer Liebe öffnen. Aber der Körper hat Schlösser und Schlüssel. Der verschlossene feminine Körper öffnet sich als Reaktion auf liebevolle *Präsenz*: tiefes Gefühl und volle emotionale Verbindung. Der verschlossene maskuline Körper öffnet sich als Reaktion auf liebevolle *Energie*: tiefes Strahlen und unerwartete sexuelle Freuden.

Zuerst üben Sie, sich zu öffnen und selbst zu lieben. Dann können Sie Ihre Liebesgaben ausdehnen. Sie können üben, sich mit Ihrem Liebespartner zu öffnen, indem Sie kunstfertig die Gaben Präsenz und Strahlen geben und annehmen und sich gegenseitig dienen, um sich sogar noch mehr zu öffnen, als Sie es allein tun würden. Wenn Sie Ihre eigene Verschlossenheit mithilfe der Gaben Ihres Partners, Ihrer Partnerin, überwinden und sich öffnen, können Sie irgendwann anfangen zu üben, sich für den ganzen lebendigen Moment zu öffnen.

Wenn Sie sich über Ihre Grenzen hinaus öffnen, spüren Sie mit der Zeit das Leiden von allem und jedem und fühlen sich automatisch veranlasst, allem und jedem zu helfen, alles und jeden zu lieben, sich für alles und jeden zu öffnen. Es ist schmerzhaft, weniger zu tun. Sie werden dazu bewogen, jedes Sich-Verschließen, das Sie gerade wahrnehmen – Ihr eigenes oder das eines anderen –, zu spüren, zu atmen und sich zu öffnen. Öffnen Sie sich beide, um Liebe genau dann zu geben und zu empfangen, wenn Sie verschlossen sind. Das ist eine gute Vorübung dafür, sich ganz zu öffnen, Liebe zu geben und zu empfangen und für den ganzen Moment offen zu sein.

Begnügen Sie sich als Frau nicht damit, die tiefe Präsenz Ihres Partners zu empfangen und sich für ihn zu öffnen. Öffnen Sie sich, um alles und jeden zu empfangen. Öffnen Sie sich für alles und jedes. Die Präsenz Ihres Partners soll Ihren Körper und Ihr Herz wie ein Keil öffnen, damit sie die Präsenz des ganzen Augenblicks in sich aufnehmen können. Atmen Sie Ihren Partner ein, atmen Sie jeden, atmen Sie den ganzen Augenblick tief in Ihr Herz ein. Bieten Sie sich offen dar, um von allem und jedem genommen zu werden. Empfangen Sie Unendlichkeit und öffnen Sie sich für sie. Lassen Sie die Liebe aus Ihrem Herzen strahlen. Seien Sie offen und lebendig für alles und jeden.

Begnügen Sie sich als Mann nicht mit der lustvollen Energie, die der Körper einer Frau Ihnen schenkt. Wenn die Liebesdienste Ihrer Partnerin Sie geöffnet haben, vertiefen Sie Ihre Atmung und spüren Sie die strahlende Berührung des ganzen Augenblicks. Öffnen Sie sich mithilfe Ihrer Atmung, damit Sie spüren, wie sich die Farben, Geräusche und Bewegungen von allem und jedem, ob nah oder fern, verändern. Lassen Sie sich von der sexuellen Einladung Ihrer Partnerin dazu bringen, sich zu öffnen, zu spüren und in die Energie des ganzen lebendigen Augenblicks einzutauchen. Spüren Sie nach außen in alles und jeden hinein und durch alles und jeden hindurch, seien Sie für alles und jeden unendlich offen.

Öffnen Sie sich mit der Hilfe Ihres Liebespartners, um jeden Aspekt des Augenblicks wahrzunehmen und zu lieben.

Dienen Sie Ihrem Liebespartner, indem Sie ihm oder ihr Ihre Gaben – tiefe Präsenz und lustvolle Energie – darbieten, damit er oder sie sich zum Wohle von allem und jedem für den ganzen Augenblick öffnen kann.

38
Erwachen Sie sexuell zu Glückseligkeit und Leerheit

Irgendwann kann selbst der Sex mit einem geliebten Menschen zur Routine werden.

Sex scheint so vielversprechend zu sein. Haut, die vor unerträglichem Glück brennt. Tränenreiche Umarmungen in verletzlicher Ekstase. Transzendente Verschmelzung zu vollkommenem Einssein. Aber meistens ist Sex eine ziemlich banale Angelegenheit.

Männer bekommen einen Ständer, bewegen sich ächzend auf und ab, entladen sich und entspannen sich dann. Frauen werden feucht, winden sich stöhnend, krallen sich fest, weinen vor Freude und kuscheln sich dann zufrieden an ihren Partner. Sex kann am Anfang aufregend sein, aber mit der Zeit wird er schnell zur Routine. Selbst guter Sex kann eintönig werden.

In dieser Hinsicht verhält es sich mit dem Sex wie mit dem übrigen Leben. Er bringt Ihnen nämlich weniger, als Sie gehofft haben. Für die meisten Menschen im mittleren Alter werden Sex und das Leben zu einer schönen Gewohnheit, zu einem vertrauten Programm, das Vergnügen, Annehmlichkeiten und Schmerzen bereithält und bestenfalls Trost spendet, oft aber bedeutungslos ist.

Das ist auch gut so. Bedeutungslosigkeit ist ein Zeichen von Wachstum. Wenn Sie etwas langweilt, heißt das, dass Sie bereit sind, tiefer zu gehen. Wenn Sie vögeln, was das Zeug hält, danach aber immer noch unbefriedigt sind, sind Sie bereit für tieferen Sex.

Sex, der sich banal anfühlt, offenbart eine tiefere Wahrheit: Sex *ist* banal. So wie jeder andere Moment im Leben auch.

Wenn Sie sich gestatten, Sex vollständig zu spüren, spüren Sie zweierlei. Einerseits schwellen Ihre Genitalien an, Ihr Brustkorb hebt und senkt sich und Ihre Leidenschaft wird entflammt. Aber was heißt das schon? Das kennen Sie schon und es war nicht weltbewegend. Der gegenwärtige Moment beim Sex ist – wie jeder Augenblick – erstaunlich reichhaltig und von köstlicher Beschaffenheit, aber auch sonderbar leer.

Irgendwann merken Sie, dass Ihrem Sexleben nichts Besonderes fehlt. Natürlich können Sie im Bett besser werden – indem Sie mehr Emotionen zeigen und stundenlang multiple Orgasmen erleben –, doch wenn Ihre Faszination für neue Lustquellen und Leistungen nachlässt, macht sich erneut ein Gefühl quälender Leere breit.

Die Wahrheit ist, dass jeder sexuelle Augenblick leer ist. *Jeder* Augenblick ist leer, inhaltslos und irreal. Und jeder Augenblick ist voll, greifbar, explosiv lebendig. Wie ein lebhafter Traum ist jeder Augenblick sehr eindrucksvoll, spontan dynamisch und sofort vergangen, als hätte es ihn nie gegeben. Sex kann zärtlich, ein Wunder der Liebe und doch leer sein, ein wehmütiges *Déjà-vu*. Sex ist intensiv und zugleich nicht existent; selbst wenn er vollkommenes Glück beschert, ist er doch zugleich vollkommen leer.

Naive junge Menschen verlieren sich im kurzen Rausch der Lust. Deprimierte Erwachsene verharren in Umarmungen, die sich leer und nicht tief genug anfühlen. Die Wahrheit ist, dass jeder Augenblick greifbar inhaltslos ist. Der wahre Liebhaber gibt sich rückhaltlos hin, so nackt wie das Leben *ist*.

Aber um an diesen Punkt zu gelangen, müssen Sie lernen, sich nicht mehr daran zu klammern, sich beim Sex gut – oder schlecht – zu fühlen. Genießen Sie schon früh in Ihrem Sexleben das prickelnde Gefühl von Liebesaffären und Faszination, solange es anhält. Und toben Sie sich im mittleren Alter bei Sex aus, der zwar unbefriedigend, aber ganz nett und vertraut ist.

Wenn irgendwann die Hoffnung geschwunden ist und Ihnen nichts anders übrig bleibt, entspannen Sie im Mantel der Leere, den Sie bereits tragen. Legen Sie das offene Glück der Liebe an. Tragen Sie grenzenlose Leuchtkraft. Sex ist eine Offenbarung dessen, was intensiv *ist*.

39
Seien Sie eine lebendige Gabe

Menschen, die nicht so offen sind wie Sie,
können frustrierend sein;
diejenigen, die offener sind als Sie,
können beleidigend sein.

Offenheit ist etwas Wertvolles. Andere Menschen spüren Ihre maskuline Offenheit als starke Präsenz. Ihre Absichten sind klar und Ihre Aufmerksamkeit ist spürbar. Man kann Ihnen vertrauen. Die Menschen spüren Ihre unerschütterliche Integrität und bieten Ihnen einen Handel an. Sie spüren Ihre standhafte Tugend und schenken Ihnen ihr Vertrauen. Die Vertrauen erweckende Kraft Ihrer Präsenz ist für sie wertvoll.

Feminine Offenheit wird als Strahlen spürbar. Wenn Ihr Körper und Ihr Herz offen sind, durchströmt die Lebenskraft Sie ungehindert. Ihre Augen leuchten. Ihre Hüften bewegen sich wie der Ozean. Ihre Stimme singt mit der Kraft der Natur. Die Menschen brauchen Sie nur anzusehen, Ihre wunderbare Fülle in sich aufzunehmen und sind glücklich. Ihr Glanz erfüllt den Raum. Ihr Lächeln erweckt die Herzen der Menschen in Ihrer Umgebung. Die Gabe Ihres Strahlens ist unschätzbar wertvoll.

Im Grunde ist Ihre Offenheit dieselbe wie die Offenheit jedes Menschen. Dennoch können Sie spüren, wenn sich jemand verschließt – Sie können spüren, wann jemand verklemmter ist als Sie. Solche Menschen wirken aufgeregt, verschlossen, finster, spannungsgeladen und humorlos. Natürlich möchten Sie so jemandem helfen. Aber dieser Mensch kann Sie nach kurzer Zeit auslaugen. Wenn Sie mit jemandem zu tun haben, der *verschlossener* ist, als Sie es gerade sind, strömt Ihre Energie zu diesem Menschen.

Wenn Sie mit jemandem zusammen sind, der *offener* ist, als Sie es gerade sind, strömt seine oder ihre Energie zu Ihnen. Die Anmut dieser Person inspiriert Sie, ihre Klarheit beeindruckt Sie. Irgendwann scheint ihre Charakterstärke Sie so sehr zu beeinflussen, dass Sie vielleicht argwöhnisch werden. Wenn Sie nicht zugeben können, dass der andere offener ist als Sie, müssen Sie versuchen, seinen Einfluss auf Sie anders zu rechtfertigen. Plötzlich mag es so aussehen, als erlege Ihnen dieser Mensch Schranken auf, als setze er Sie herab und nutze Sie aus. Sie fangen an, ihn zu hassen, obwohl Sie von seinen Gaben auch profitieren.

Immer wenn jemand offener ist als Sie, ist er präsenter oder strahlender als Sie. Im Vergleich zu Ihnen ist er klarer, erfolgreicher, einfühlsamer, attraktiver, geheimnisvoller, schöner oder mächtiger. Dieser Mensch hat zwar auch Schwächen, aber die Kraft seiner Präsenz oder seines Strahlens strömt dennoch *von* ihm *zu* Ihnen. Sie können sogar spüren, wie seine Energie, seine Kraft oder seine Macht Sie beeinflussen.

Sie können diese Energie zu Ihrem Nutzen annehmen. Sie können Ihrem überlegenen Freund Dankbarkeit und Anerkennung zollen. Sie können seine Gaben annehmen und vielleicht ihm ebenbürtig werden, indem Sie genauso tief offen werden wie er und Ihre eigenen Gaben der Präsenz und des Strahlens an jene weiterreichen, die verschlossener sind als Sie.

Oder Sie werden, wenn Sie sich nicht gern unterlegen fühlen, der Energie Ihres überlegenen Freundes irgendwann Widerstand leisten und sie ablehnen, indem Sie auf Ihre Unabhängigkeit und Gleichberechtigung pochen, ihn aber insgeheim um seinen Glanz und seinen Ruhm beneiden.

Vielleicht haben Sie Angst, in Gegenwart solcher Menschen laut zu sprechen. Möglicherweise sind Sie eifersüchtig auf ihre Furcht einflößende Schönheit, weil Sie gern wie sie wären, auch wenn es Ihnen Genugtuung bereitet, über deren Mängel zu sprechen. Vielleicht ertappen Sie sich dabei, ihre Schwächen zu übertreiben, damit Sie sich nicht mehr so unterlegen fühlen, auch wenn Sie wissen, dass Ihre Präsenz schwächer oder Ihr Strahlen blasser ist als das jener Menschen.

Das Wissen um Ihre Unterlegenheit – zu spüren, dass Ihre schwache Glühbirne im Schein ihrer Sonne nahezu unsichtbar ist – kann für Ihr Bedürfnis nach Selbstwert sehr beleidigend sein.

Im Grunde sind alle Menschen gleich. Alle Menschen sind gleichermaßen göttlich und als bewusstes Licht lebendig. Doch bei den meisten nimmt das Bewusstsein ab, wenn sich ihre Aufmerksamkeit im Drama ihres tagtäglichen Kampfes um Geld, Beziehungen und Gesundheit verfängt. Ihre Präsenz verzehrt sich in der Mühsal des Lebens. Deshalb ist ein wirklich präsenter Mensch, also einer, dessen Bewusstsein den Raum mit einer greifbaren Kraft erfüllt, ziemlich selten.

Bei den meisten Menschen wird das Leuchten der Herzen, das natürliche Licht ihres Seins, durch ihre körperliche Spannung und den Stress im Leben verdunkelt. Das erfrischende Strahlen eines jungen Geliebten wird irgendwann von Wolken überschattet und durch jahrelange Untreue, Verlust und Angst getrübt. Im mittleren Alter kann es sein, dass um Ihr strahlendes Herz so viele Schutzhüllen und Schichten von Misstrauen liegen, dass Ihr Gesicht aussieht, als wäre es von schwarzer Gaze verhüllt. Selten begegnet man einem Erwachsenen, dessen natürliches Strahlen einen Raum immer noch mit Energie und Liebe erfüllt.

Zwar sind alle Menschen im Kern bewusstes Licht, aber jeder Einzelne bringt unterschiedlich viel Präsenz und Strahlen zum Ausdruck, je nachdem, wie offen er in dem betreffenden Moment ist. Manchmal verschließt sich jemand nach jahrelangem Leiden gewohnheitsmäßig, und diese Angewohnheit lässt sich nicht so leicht ablegen. Seine Verschlossenheit dient ihm als Schutz vor weiteren Verletzungen und verbirgt auch seine potenziellen Gaben des Bewusstseins und des Lichts.

Wenn Ihre wahren Gaben im Kampf mit den Anforderungen des Lebens verloren gegangen sind, dann ist das für Sie schmerzhaft. Nicht gegebene Gaben tun weh. Nicht dargebotene Liebe lässt das Herz verdorren. Nicht zum Ausdruck gebrachte Einsichten saugen die Stärke aus Ihren Knochen. Wenn Sie einem Menschen begegnen, der offener ist als Sie, steht Ihre Verschlossenheit in krassem Gegensatz dazu. Wenn Sie spüren, an welchen Punkten Sie sich für Sicherheit und Vorsicht entschieden haben, und Ihnen schmerzlich bewusst wird, wie groß die Sehnsucht Ihres Herzens ist, wie viel Zeit Sie vergeudet und wie viele Gaben Sie nicht gegeben haben, können Sie sich entweder offen ergeben und die Kraft größerer Offenheit annehmen oder sich noch mehr verschließen.

Begegnen Sie einem überlegenen Mann oder einer überlegenen Frau, haben Sie eigentlich nur die Wahl, ob Sie sich ganz öffnen und deren Gaben annehmen, oder ob Sie sie fertigmachen, damit Sie nicht mehr von ihnen beeinflusst werden. Wenn Sie wachsen wollen, müssen Sie lernen, die intensive Offenheit dieser Menschen in sich aufzunehmen, die Ihnen sonst vor Augen führen würde, wie verklemmt Sie sind.

Präsenz und Strahlen fließen abwärts wie Wasser. In Gesellschaft eines wirklich offenen Mannes oder einer wirklich offenen Frau wird deren Kraft sich automatisch auf Sie auswirken: Sie zeigt, dass Sie sich aus Angst im Leben einschränken. Sie bedroht Ihren Selbstwert und schenkt Ihnen die notwendige Macht, um Ihr Herz zur Fülle zu erwecken. Aber Sie müssen bereit sein, die Wunden und Schrecken Ihres Herzens zu fühlen, sonst verschließen und schützen Sie sich und bekämpfen so die Quelle der Offenheit, die zu werden doch Ihre größte Sehnsucht ist.

Ihre Gaben der Aufmerksamkeit und Energie, der Präsenz und des Strahlens strömen von Ihnen immer zu jenen Menschen, die in dem betreffenden Moment verkrampfter sind als Sie. Und Sie werden immer wieder von jenen inspiriert und beschenkt, die in diesem Moment offener sind als Sie. Die Gabe muss gegeben werden. Es muss alles im Fluss sein, so lautet das Gesetz. Wenn Sie versuchen, etwas zurückzuhalten, leiden Sie. Sie müssen Ihre tiefsten Gaben großzügig und rückhaltlos *geben* und sie von der weiter oben liegenden Quelle genauso großzügig *annehmen*.

Leiden entsteht nur, weil Sie sich weigern, sich zu öffnen. Sie sind als Geschenk lebendig.

Über den Autor

Mit seinem Werk zum spirituellen und sexuellen Wachstum des Menschen ist David Deida international als einer der provokativsten spirituellen Lehrer anerkannt. Die radikal praktische Form der Spiritualität, die er in seinen Büchern und Seminaren vermittelt, wird als einer der originellsten und authentischsten Beiträge zum persönlichen und spirituellen Wachstum gelobt.

In seinen einzigartigen Seminaren zum Thema *Menschliche Entfaltung und Heilige Intimität* arbeitet Deida mit einer Serie transformativer Übungen für das spirituelle Erwachen von Geist, Körper und Herz. Er ist Mitbegründer des *Integral Institute* und hat an der medizinischen Fakultät der University of California in San Diego, der University of California in Santa Cruz, der San José State University, dem Lexington Institute in Boston und der École Polytechnique in Paris unterrichtet und geforscht.

David Deida ist weltweit als Autor von Hunderten von Essays, Audiotapes, Büchern, Videos und Artikeln bekannt, die seinen integrativen spirituellen Ansatz beleuchten. Seine Bücher wurden in 15 Sprachen übersetzt und gehören zum Lehrstoff an Universitäten, in Kirchen, spirituellen Zentren und Männer- und Frauengruppen rund um die Welt. Sie werden als tiefste Quelle für wahre spirituelle Transformation erachtet.

Weitere Informationen über David Deidas Seminare und Bücher finden Sie unter:
www.deida.info
www.david-deida.de

Kommentare zur amerikanischen Ausgabe

„David Deida bringt die Spiritualität auf den Boden der Realität, also wieder dorthin zurück, wo sie hingehört: in unseren Körper. Seine geradlinige Art, uns spirituell stärker zu sensibilisieren, ist bei den heutigen spirituellen New-Age- und konservativen Strömungen eine willkommene Abwechslung. Deida hilft uns, REAL zu werden in einer Welt, in der Wirklichkeit ein immer seltener werdendes Gut ist."

Mariana Caplan,
Autorin des Buches *Auf halbem Weg zum Gipfel der Erleuchtung: Die Gefahren und Irrtümer verfrühter Ansprüche, erleuchtet zu sein*

„David Deida ist ein Juwel in der Krone jener Menschen, die bereit sind, die Wahrheit zu leben, und nicht nur ins Absolute flüchten. Wenn Sie wissen möchten, wie weit wir uns Gott öffnen können und wie einschneidend sich dies in unserem Alltag bemerkbar machen kann, dann ist David Ihr Begleiter auf einem Weg, vor dem andere sich fürchten."

Vartman,
Autor des Buches *Unreasonable Happiness*

„Zum Thema Heilige Nähe kann David Deida uns erstaunlich erhellende Einsichten vermitteln."

Marianne Williamson,
Autorin des Buches *Rückkehr zur Liebe*